新时代乡村振兴问答

张毅华◎主编

山西出版传媒集团　山西科学技术出版社

图书在版编目（CIP）数据

新时代乡村振兴问答 / 张毅华主编 . — 太原 : 山西科学技术出版社 , 2022.12（2024.11 重印）

ISBN 978-7-5377-6246-5

Ⅰ . ①新… Ⅱ . ①张… Ⅲ . ①农村–社会主义建设–中国–问题解答 Ⅳ . ① F320.3-44

中国版本图书馆 CIP 数据核字（2022）第 245034 号

新时代乡村振兴问答

XINSHIDAI XIANGCUN ZHENXING WENDA

出 版 人	阎文凯
主 编	张毅华
策 划 人	薛文毅
责任编辑	郭丽丽
封面设计	吕雁军

出版发行	山西出版传媒集团 · 山西科学技术出版社
	地址：太原市建设南路 21 号　邮编　030012
编辑部电话	0351-4922134　0351-4922061
发行部电话	0351-4922121
经 销	各地新华书店
印 刷	长沙鸿发印务实业有限公司

开 本	880mm × 1230mm　1/32
印 张	4.25
字 数	77 千字
版 次	2022 年 12 月第 1 版
印 次	2024 年 11 月长沙第 3 次印刷
书 号	ISBN 978-7-5377-6246-5
定 价	32.00 元

目 录

第一章 概　　述

第二章　产业振兴

第三章　人才振兴

第五章 生态振兴

第一章 概 述

1. 实施乡村振兴战略全面推进乡村振兴有何重大意义？

党的十九大报告提出实施乡村振兴战略，党的二十大报告提出全面推进乡村振兴，坚持农业农村优先发展，巩固脱贫攻坚成果，加快建设农业强国，扎实推动乡村产业、人才、文化、生态、组织振兴，全方位夯实粮食安全根基，牢牢守住十八亿亩耕地红线，确保中国人的饭碗牢牢端在自己手中。

实施乡村振兴战略全面推进乡村振兴是全面建成社会主义现代化强国、实现第二个百年奋斗目标，以中国式现代化全面推进中华民族伟大复兴的一项重大任务。民族要复兴，乡村必振兴。无论是从中华民族伟大复兴战略全局看，还是从世界百年未有之大变局看，稳住农业基本盘、守好“三农”

基础是应变局、开新局的“压舱石”。构建新发展格局，潜力后劲在“三农”，迫切需要扩大农村需求，畅通城乡经济循环。新发展阶段，党中央坚持把解决好“三农”问题作为全党工作重中之重，举全党全社会之力加快农业农村现代化，让广大农民过上更加美好的生活。用大历史观来看待“三农”问题，全面建设社会主义现代化国家，实现中华民族伟大复兴，最艰巨最繁重的任务依然在农村，最广泛最深厚的基础依然在农村。

实施乡村振兴战略全面推进乡村振兴是从根本上解决新时代“三农”问题的重要举措。农业农村农民问题是关系国计民生的根本问题，必须坚持把解决好“三农”问题作为全党工作重中之重。只有实施乡村振兴战略全面推进乡村振兴，才能有力促进现代农业建设，加快实现农业现代化；才能进一步促进农民增收，实现农民生活富裕；才能更好地促进农村经济社会发展，实现农村和谐美丽。可以说，实施乡村振兴战略全面推进乡村振兴，是新时代“三农”工作的总抓手，是促进农业发展、农村繁荣、农民增收的治本之策，有助于从根本上解决“三农”问题。

实施乡村振兴战略全面推进乡村振兴是“五位一体”总体布局在农村的具体落实。乡村振兴的总要求，是产业兴旺、生态宜居、乡风文明、治理有效、生活富裕，涉及产业发展、生态环境、精神文明、社会治理、农民生活等“三农”问题的方方面面，体现了经济建设、政治建设、文化建设、社会建设、生态文明建设全面提升的内在要求。这些要求之间是相互联系、相互促进的，共同构成了一个有机整体，是多元一体的农业农村综合建设和全面发展过程。

实施乡村振兴战略全面推进乡村振兴是新时代解决我国社会主要矛盾的迫切要求。中国特色社会主义进入新时代，我国社会主要矛盾已经转化为人民日益增长的美好生活需要和不平衡不充分的发展之间的矛盾。目前，最大的发展不平衡是城乡之间发展的不平衡，最大的发展不充分是农业农村发展的不充分。可以说，“三农”问题是我国经济社会发展不平衡和不充分的主要表现。解决我国社会的主要矛盾，迫切需要实施乡村振兴战略，坚持农业农村优先发展，加快推进农业农村现代化，缩小城乡差距，实现城乡融合。只有这样，才能促进发展更平衡、更充分，更好地满足人民日益增长的美好生活需要。

实施乡村振兴战略全面推进乡村振兴是开启全面建设社会主义现代化强国的必然要求。实施乡村振兴战略全面推进乡村振兴，是党中央着眼第二个百年奋斗目标做出的重大战略安排。实现第二个百年奋斗目标，全面建设社会主义现代化强国，短板在农村，难点是实现农业农村现代化。实施乡村振兴战略全面推进乡村振兴，就是要加快补齐农业农村发展的短板，加快实现农业农村现代化，加快形成工农互促、城乡互补、协调发展、共同繁荣的新型工农城乡关系，促进农业高质高效、乡村宜居宜业、农民富裕富足。实施乡村振兴战略全面推进乡村振兴是开启全面建设社会主义现代化国家新征程的必由之路。

2. 实施乡村振兴战略全面推进乡村振兴的总要求是什么？

促进乡村振兴应当按照产业兴旺、生态宜居、乡风文明、治理有效、生活富裕的总要求，统筹推进农村经济建设、政治建设、文化建设、社会建设、生态文明建设和党的建设，充分发挥乡村在保障农产品供给和粮食安全、保护生态环境、传承发展中华民族优秀传统文化等方面的特有功能。

3. 实施乡村振兴战略全面推进乡村振兴的总目标、总方针是什么？

实施乡村振兴战略全面推进乡村振兴的总目标是农业农村现代化。实现农业现代化，使农业成为有奔头的产业；建设现代化农村，使农村成为安居乐业的美丽家园；培育高素质农民，使农民成为有吸引力的职业。

实施乡村振兴战略全面推进乡村振兴的总方针是坚持农

业农村优先发展。在干部配备上优先考虑，在要素配置上优先满足，在资金投入上优先保障，在公共服务上优先安排。

4. 实施乡村振兴战略全面推进乡村振兴的远景目标是什么？

到2035年，乡村振兴取得决定性进展，农业农村现代化基本实现。农业结构得到根本性改善，农民就业质量显著提高，相对贫困进一步缓解，共同富裕迈出坚实步伐；城乡基本公共服务均等化基本实现，城乡融合发展体制机制更加完善；乡风文明达到新高度，乡村治理体系更加完善；农村生态环境根本好转，美丽宜居乡村基本实现。

到2050年，乡村全面振兴，农业强、农村美、农民富全面实现。

5. 实施乡村振兴战略全面推进乡村振兴遵循的原则是什么？

实施乡村振兴战略全面推进乡村振兴，应当坚持中国共产党的领导，贯彻创新、协调、绿色、开放、共享的新发展理念，走中国特色社会主义乡村振兴道路，促进共同富裕，遵循以下原则：

（一）坚持农业农村优先发展，在干部配备上优先考虑，在要素配置上优先满足，在资金投入上优先保障，在公共服务上优先安排；

（二）坚持农民主体地位，充分尊重农民意愿，保障农民民主权利和其他合法权益，调动农民的积极性、主动性、创造性，维护农民根本利益；

（三）坚持人与自然和谐共生，统筹山水林田湖草沙系统治理，推动绿色发展，推进生态文明建设；

（四）坚持改革创新，充分发挥市场在资源配置中的决定性作用，更好发挥政府作用，推进农业供给侧结构性改革和高质量发展，不断解放和发展乡村社会生产力，激发农村发展活力；

（五）坚持因地制宜、规划先行、循序渐进，顺应村庄发展规律，根据乡村的历史文化、发展现状、区位条件、资源禀赋、产业基础分类推进。

6.《中华人民共和国乡村振兴促进法》何时通过与施行？目录有哪些内容？

2021 年 4 月 29 日第十三届全国人民代表大会常务委员会第二十八次会议通过，自 2021 年 6 月 1 日起施行。第一章　总则，第二章　产业发展，第三章　人才支撑，第四

章　文化繁荣，第五章　生态保护，第六章　组织建设，第七章　城乡融合，第八章　扶持措施，第九章　监督检查，第十章　附则。

7. 实施乡村振兴战略全面推进乡村振兴中的乡村指什么？

实施乡村振兴战略全面推进乡村振兴中的乡村，是指城市建成区以外具有自然、社会、经济特征和生产、生活、生态、文化等多重功能的地域综合体，包括乡镇和村庄等。

8. 实施乡村振兴战略全面推进乡村振兴中的乡村分类主要有哪些？

实施乡村振兴战略全面推进乡村振兴中的乡村分为集聚提升类村庄、城郊融合类村庄、特色保护类村庄、搬迁撤并类村庄等。

9. 如何全面推进集聚提升类村庄发展？

现有规模较大的中心村和其他仍将存续的一般村庄，占乡村类型的大多数，是乡村振兴的重点。科学确定村庄发展方向，在原有规模基础上有序推进改造提升，激活产业、优化环境、提振人气、增添活力，保护保留乡村风貌，建设宜居宜业的美丽村庄。鼓励发挥自身比较优势，强化主导产业支撑，支持农业、工贸、休闲服务等专业化村庄发展。加强海岛村庄、国有农场及林场规划建设，改善生产生活条件。

10. 如何全面推进城郊融合类村庄发展？

城市近郊区以及县城城关镇所在地的村庄，具备成为城市后花园的优势，也具有向城市转型的条件。综合考虑工业化、城镇化和村庄自身发展需要，加快城乡产业融合发展、基础设施互联互通、公共服务共建共享，在形态上保留乡村风貌，在治理上体现城市水平，逐步强化服务城市发展、承接城市功能外溢、满足城市消费需求能力，为城乡融合发展提供实践经验。

11. 如何全面推进特色保护类村庄发展？

历史文化名村、传统村落、少数民族特色村寨、特色景观旅游名村等自然历史文化特色资源丰富的村庄，是彰显和传承中华优秀传统文化的重要载体。统筹保护、利用与发展的关系，努力保持村庄的完整性、真实性和延续性。切实保护村庄的传统选址、格局、风貌以及自然和田园景观等整体空间形态与环境，全面保护文物古迹、历史建筑、传统民居等传统建筑。尊重原住居民生活形态和传统习惯，加快改善村庄基础设施和公共环境，合理利用村庄特色资源，发展乡村旅游和特色产业，形成特色资源保护与村庄发展的良性互促机制。

12. 如何全面推进搬迁撤并类村庄发展？

对位于生存条件恶劣、生态环境脆弱、自然灾害频发等地区的村庄，因重大项目建设需要搬迁的村庄，以及人口流失特别严重的村庄，可通过易地扶贫搬迁、生态宜居搬迁、农村集聚发展搬迁等方式，实施村庄搬迁撤并，统筹解决村民生计、生态保护等问题。拟搬迁撤并的村庄，严格限制新建、扩建活动，统筹考虑拟迁入或新建村庄的基础设施和公共服务设施建设。坚持村庄搬迁撤并与新型城镇化、农业现代化相结合，依托适宜区域进行安置，避免新建孤立的村落式移民社区。搬迁撤并后的村庄原址，因地制宜复垦或还绿，增加乡村生产生态空间。农村居民点迁建和村庄撤并，必须尊重农民意愿并经村民会议同意，不得强制农民搬迁和集中上楼。

13. 如何理解乡村产业、人才、文化、生态、组织振兴?

实施乡村振兴战略全面推进乡村振兴是新时代做好“三农”工作的总抓手，扎实推动乡村产业、人才、文化、生态、组织振兴。

产业振兴。要着力构建现代农业产业体系、生产体系、经营体系，实现农村一二三产业深度融合发展，推动农业由增产导向转向提质导向，增强我国农业创新力和竞争力，为建设现代化经济体系奠定坚实基础，为农民增收拓展空间。

人才振兴。要着力增强内生发展能力，要实施好乡村振兴人才支撑计划，培育新型职业农民，加强农村专业人才队伍建设，吸引更多社会人才投身乡村建设，通过留住一部分农村优秀人才，吸引一部分外出人才回乡和一部分社会优秀人才下乡，以人才汇聚推动和保障乡村振兴，增强农业农村内生发展能力。

文化振兴。要着力传承发展中华优秀传统文化，要以乡村公共文化服务体系建设为载体，培育文明乡风、良好家风、淳朴民风，要让中华优秀文化精髓如邻里守望、诚信重礼、勤俭节约的文明之风在乡村兴盛起来。

生态振兴。要着力建设宜业宜居的美丽生态家园，要以绿色发展为引领，严守生态保护红线，推进农业农村绿色发展，加快农村人居环境整治，让良好生态成为乡村振兴支撑点，打造农民安居乐业的美丽家园。

组织振兴。要加强以党组织为核心的农村基层组织建设，建设好农村基层党组织带头人队伍，完善村民自治制度，推进乡村法治建设，提升乡村德治水平，促进自治、法治、德治有机结合，要加强农村基层党组织对乡村振兴的全面领导，推动乡村振兴。

14. 如何加快实现农业现代化？

坚持质量兴农、品牌强农，深化农业供给侧结构性改革，构建现代农业产业体系、生产体系、经营体系，推动农业发展质量变革、效率变革、动力变革，持续提高农业创新力、竞争力和全要素生产率。

15. 我国的粮食安全战略是什么？

国家实施以我为主、立足国内、确保产能、适度进口、科技支撑的粮食安全战略，坚持藏粮于地、藏粮于技，采取措施不断提高粮食综合生产能力，建设国家粮食安全产业带，完善粮食加工、流通、储备体系，确保谷物基本自给、口粮绝对安全，保障国家粮食安全。

国家完善粮食加工、储存、运输标准，提高粮食加工出品率和利用率，推动节粮减损。

16. 中国农民丰收节是哪一天？

国家坚持以社会主义核心价值观为引领，大力弘扬民族精神和时代精神，加强乡村优秀传统文化保护和公共文化服务体系建设，繁荣发展乡村文化。

每年农历秋分日为中国农民丰收节。

17. 怎样全面推进乡村振兴？

国家建立健全中央统筹、省负总责、市县乡抓落实的乡村振兴工作机制。

各级人民政府应当将乡村振兴促进工作纳入国民经济和社会发展规划，并建立乡村振兴考核评价制度、工作年度报告制度和监督检查制度。

国务院农业农村主管部门负责全国乡村振兴促进工作的统筹协调、宏观指导和监督检查；国务院其他有关部门在各自职责范围内负责有关的乡村振兴促进工作。

县级以上地方人民政府农业农村主管部门负责本行政区域内乡村振兴促进工作的统筹协调、指导和监督检查；县级以上地方人民政府其他有关部门在各自职责范围内负责有关的乡村振兴促进工作。

各级人民政府及其有关部门应当采取多种形式，广泛宣传乡村振兴促进相关法律法规和政策，鼓励、支持人民团体、社会组织、企事业单位等社会各方面参与乡村振兴促进相关活动。

对在乡村振兴促进工作中做出显著成绩的单位和个人，按照国家有关规定给予表彰和奖励。

18. 如何做好巩固拓展脱贫攻坚成果同乡村振兴有效衔接?

各级人民政府应当采取措施增强脱贫地区内生发展能力，建立农村低收入人口、欠发达地区帮扶长效机制，持续推进脱贫地区发展；建立健全易返贫致贫人口动态监测预警和帮扶机制，实现巩固拓展脱贫攻坚成果同乡村振兴有效衔接。

国家加大对革命老区、民族地区、边疆地区实施乡村振兴战略的支持力度。

19. 实施耕地保护的措施有哪些?

实行耕地保护党政同责，严守18亿亩耕地红线。按照耕地和永久基本农田、生态保护红线、城镇开发边界的顺序，统筹划定落实三条控制线，把耕地保有量和永久基本农田保护目标任务足额带位置逐级分解下达，由中央和地方签订耕地保护目标责任书，作为刚性指标实行严格考核、一票否决、终身追责。分类明确耕地用途，严格落实耕地利用优先序，耕地主要用于粮食和棉、油、糖、蔬菜等农产品及饲草饲料生产，永久基本农田重点用于粮食生产，高标准农田原则上全部用于粮食生产。引导新发展林果业上山上坡，鼓励利用“四荒”资源，不与粮争地。落实和完善耕地占补平衡政策，建立补充耕地立项、实施、验收、管护全程监管机制，确保补充可长期稳定利用的耕地，实现补充耕地产能与所占耕地相当。改进跨省域补充耕地国家统筹管理办法。加大耕地执法监督力度，严厉查处违法违规占用耕地从事非农建设。强化耕地用途管制，严格管控耕地转为其他农用地。巩固提升受污染耕地安全利用水平。稳妥有序开展农村乱占耕地建房专项整治试点。巩固“大棚房”问题专项清理整治成果。落实工商资本流转农村土地审查审核和风险防范制度。

20. 如何调整完善土地使用权出让收入的使用范围?

各级人民政府应当坚持取之于农、主要用之于农的原则，按照国家有关规定调整完善土地使用权出让收入使用范围，提高农业农村投入比例，重点用于高标准农田建设、农田水利建设、现代种业提升、农村供水保障、农村人居环境整治、农村土地综合整治、耕地及永久基本农田保护、村庄公共设施建设和管护、农村教育、农村文化和精神文明建设支出，以及与农业农村直接相关的山水林田湖草沙生态保护修复、以工代赈工程建设等。

21. 怎样防范和应对农业重大灾害发生?

加大农业防灾减灾救灾能力建设和投入力度。修复水毁灾损农业、水利基础设施，加强沟渠疏浚以及水库、泵站建设和管护。加强防汛抗旱应急物资储备。强化农业农村、水利、气象灾害监测预警体系建设，增强极端天气应对能力。加强基层动植物疫病防控体系建设，落实属地责任，配齐配强专业人员，实行定责定岗定人，确保非洲猪瘟、草地贪夜蛾等动植物重大疫病防控责有人负、活有人干、事有人管。做好人兽共患病源头防控。加强外来入侵物种防控管理，做好普查监测、入境检疫、国内防控，对已传入并造成严重危害的，要“一种一策”精准治理、有效灭除。加强中长期气候变化对农业影响研究。

22. 怎样解决农业风险保障问题?

国家建立健全多层次农业保险体系，完善政策性农业保险制度，鼓励商业性保险公司开展农业保险业务，支持农民和农业经营主体依法开展互助合作保险。

县级以上人民政府应当采取保费补贴等措施，支持保险机构适当增加保险品种，扩大农业保险覆盖面，促进农业保险发展。

23. 如何理解推进城乡融合发展的重要意义?

第一，城乡融合发展是破解新时代社会主要矛盾的关键抓手。党的十九大报告指出，社会主要矛盾已经转化为人民群众日益增长的美好生活需要和不平衡不充分的发展之间的矛盾。我国最大的不平衡是城乡关系的不平衡，最大的不充分是乡村发展的不充分。解决发展的不平衡、不充分问题，不断满足广大人民群众日益增长的美好生活需要，在很大程度上需要依靠城乡融合发展和乡村振兴。

第二，城乡融合发展是国家现代化的重要标志。工业化、城镇化、信息化、农业现代化同步发展是我国现代化建设的核心内容，也是核心任务。工业化处于主导地位，是发展的动力；农业现代化是重要的基础，也是发展的根基；信息化具有后发优势，可为发展注入新的活力；城镇化是一个载体和平台，承接着工业化和信息化发展的空间，带动着农业农村的现代化加快发展，也发挥着不可替代的融合作用。如何处理好“四化”关系，特别是工农关系和城乡关系，在一定程度上决定着现代化的成败。因此，城乡融合发展既是城乡现代化的抓手，也是重要的标志。

第三，城乡融合发展是拓展发展空间的强劲动力。我国最大的发展潜力和后劲在乡村，推动城乡融合发展和乡村振兴、促进乡村资源要素与全国大市场相对接，能够释放出可观的改革红利，也能够带动经济社会持续发展。建立城乡融合发展体制机制和政策体系是实现乡村振兴和农业农村现代化的重要制度保障。

第四，城乡融合发展是实现第二个百年奋斗目标的客观需要。实现第二个百年奋斗目标，短板在农村。当前，我国乡村常住人口还有 5.64 亿人，到 2035 年基本实现现代化时，仍会有约 4 亿人居住在乡村。即使到 2050 年，依然有几亿人居住在乡村。如果不进一步破除城乡二元体制、推进城乡融合发展，城镇化的虹吸效应会让乡村一步步走向衰落，乡村就不可能同步实现现代化，乡村振兴战略目标就无法实现，整个国家也无法实现全面现代化。

24. 如何建设城乡一体的基本公共服务体系？

各级人民政府应当协同推进乡村振兴战略和新型城镇化战略的实施，整体筹划城镇和乡村发展，科学有序统筹安排生态、农业、城镇等功能空间，优化城乡产业发展、基础设施、公共服务设施等布局，逐步健全全民覆盖、普惠共享、城乡一体的基本公共服务体系，加快县域城乡融合发展，促进农业高质高效、乡村宜居宜业、农民富裕富足。

25. 如何做好乡村发展布局规划？

县级人民政府和乡镇人民政府应当优化本行政区域内乡村发展布局，按照尊重农民意愿、方便群众生产生活、保持乡村功能和特色的原则，因地制宜安排村庄布局，依法编制村庄规划，分类有序推进村庄建设，严格规范村庄撤并，严禁违背农民意愿、违反法定程序撤并村庄。

26. 如何统筹利用生产空间？

乡村生产空间是以提供农产品为主体功能的国土空间，兼具生态功能。围绕保障国家粮食安全和重要农产品供给，充分发挥各地比较优势，重点建设以“七区二十三带”为主体的农产品主产区。落实农业功能区制度，科学合理划定粮食生产功能区、重要农产品生产保护区和特色农产品优势区，合理划定养殖业适养、限养、禁养区域，严格保护农业生产空间。适应农村现代产业发展需要，科学划分乡村经济发展片区，统筹推进农业产业园、科技园、创业园等各类园区建设。

27. 如何合理布局生活空间？

乡村生活空间是以农村居民点为主体、为农民提供生产生活服务的国土空间。坚持节约集约用地，遵循乡村传统肌理和格局，划定空间管控边界，明确用地规模和管控要求，确定基础设施用地位置、规模和建设标准，合理配置公共服务设施，引导生活空间尺度适宜、布局协调、功能齐全。充分维护原生态村居风貌，保留乡村景观特色，保护自然和人文环境，注重融入时代感、现代性，强化空间利用的人性化、多样化，着力构建便捷的生活圈、完善的服务圈、繁荣的商业圈，让乡村居民过上更舒适的生活。

28. 如何严格保护生态空间？

乡村生态空间是具有自然属性、以提供生态产品或生态服务为主体功能的国土空间。加快构建以“两屏三带”为骨架的国家生态安全屏障，全面加强国家重点生态功能区保护，建立以国家公园为主体的自然保护地体系。树立山水林田湖草是一个生命共同体的理念，加强对自然生态空间的整体保护，修复和改善乡村生态环境，提升生态功能和服务价值。全面实施产业准入负面清单制度，推动各地因地制宜制定禁止和限制发展产业目录，明确产业发展方向和开发强度，强化准入管理和底线约束。

29. 如何做好乡村公共基础设施建设工作？

县级以上地方人民政府应当统筹规划、建设、管护城乡道路以及垃圾污水处理、供水供电供气、物流、客运、信息通信、广播电视、消防、防灾减灾等公共基础设施和新型基础设施，推动城乡基础设施互联互通，保障乡村发展能源需求，保障农村饮用水安全，满足农民生产生活需要。

30. 如何改善农村交通物流设施条件？

以示范县为载体全面推进“四好农村路”建设，深化农村公路管理养护体制改革，健全管理养护长效机制，完善安全防护设施，保障农村地区基本出行条件。推动城市公共交通线路向城市周边延伸，鼓励发展镇村公交，实现具备条件的建制村全部通客车。加大对革命老区、民族地区、边疆地区、贫困地区铁路公益性运输的支持力度，继续开好“慢火车”。加快构建农村物流基础设施骨干网络，鼓励商贸、邮政、快递、供销、运输等企业加大在农村地区的设施网络布局。加快完善农村物流基础设施末端网络，鼓励有条件的地区建设面向农村地区的共同配送中心。

31. 如何加强农村水利基础设施网络建设？

构建大中小微结合、骨干和田间衔接、长期发挥效益的农村水利基础设施网络，着力提高节水供水和防洪减灾能力。科学有序推进重大水利工程建设，加强灾后水利薄弱环节建设，统筹推进中小型水源工程和抗旱应急能力建设。巩固提升农村饮水安全保障水平，开展大中型灌区续建配套节水改造与现代化建设，有序新建一批节水型、生态型灌区，实施大中型灌排泵站更新改造。推进小型农田水利设施达标提质，实施水系连通和河塘清淤整治等工程建设。推进智慧水利建设。深化农村水利工程产权制度与管理体制改革，健全基层水利服务体系，促进工程长期良性运行。

32. 如何构建农村现代能源体系？

优化农村能源供给结构，大力发展太阳能、浅层地热能、生物质能等，因地制宜开发利用水能和风能。完善农村能源基础设施网络，加快新一轮农村电网升级改造，推动供气设施向农村延伸。加快推进生物质热电联产、生物质供热、规模化生物质天然气和规模化大型沼气等燃料清洁化工程。推进农村能源消费升级，大幅提高电能在农村能源消费中的比重，加快实施北方农村地区冬季清洁取暖，积极稳妥推进散煤替代。推广农村绿色节能建筑和农用节能技术、产品。大力发展“互联网 +”智慧能源，探索建设农村能源革命示范区。

33. 如何做好乡村公共服务体系建设工作？

国家发展农村社会事业，促进公共教育、医疗卫生、社会保障等资源向农村倾斜，提升乡村基本公共服务水平，推进城乡基本公共服务均等化。

国家健全乡村便民服务体系，提升乡村公共服务数字化智能化水平，支持完善村级综合服务设施和综合信息平台，培育服务机构和服务类社会组织，完善服务运行机制，促进公共服务与自我服务有效衔接，增强生产生活服务功能。

34. 如何建立健全农村社会保障管理服务体系？

国家完善城乡统筹的社会保障制度，建立健全保障机制，支持乡村提高社会保障管理服务水平；建立健全城乡居民基本养老保险待遇确定和基础养老金标准正常调整机制，确保城乡居民基本养老保险待遇随经济社会发展逐步提高。

国家支持农民按照规定参加城乡居民基本养老保险、基本医疗保险，鼓励具备条件的灵活就业人员和农业产业化从业人员参加职工基本养老保险、职工基本医疗保险等社会保险。

国家推进城乡最低生活保障制度统筹发展，提高农村特困人员供养等社会救助水平，加强对农村留守儿童、妇女和老年人以及残疾人、困境儿童的关爱服务，支持发展农村普惠型养老服务和互助性养老。

35. 如何拓宽农村劳动力转移就业渠道？

增强经济发展创造就业岗位能力，拓宽农村劳动力转移就业渠道，引导农村劳动力外出就业，更加积极地支持就地就近就业。发展壮大县域经济，加快培育区域特色产业，拓宽农民就业空间。大力发展吸纳就业能力强的产业和企业，结合新型城镇化建设合理引导产业梯度转移，创造更多适合农村劳动力转移就业的机会，推进农村劳动力转移就业示范基地建设。加强劳务协作，积极开展有组织的劳务输出。实施乡村就业促进行动，大力发展乡村特色产业，推进乡村经济多元化，提供更多就业岗位。结合农村基础设施等工程建设，鼓励采取以工代赈方式就近吸纳农村劳动力务工。

36. 如何健全城乡均等的公共就业创业服务制度？

国家推动形成平等竞争、规范有序、城乡统一的人力资源市场，健全城乡均等的公共就业创业服务制度。

县级以上地方人民政府应当采取措施促进在城镇稳定就业和生活的农民自愿有序进城落户，不得以退出土地承包经营权、宅基地使用权、集体收益分配权等作为农民进城落户的条件；推进取得居住证的农民及其随迁家属享受城镇基本公共服务。

国家鼓励社会资本到乡村发展与农民利益联结型项目，鼓励城市居民到乡村旅游、休闲度假、养生养老等，但不得破坏乡村生态环境，不得损害农村集体经济组织及其成员的合法权益。

37. 如何保障农民工的合法权益？

各级人民政府及其有关部门应当采取措施鼓励农民进城务工，全面落实城乡劳动者平等就业、同工同酬，依法保障农民工工资支付和社会保障权益。

38. 农村人居环境整治要坚持什么原则？

因地制宜、科学规划是开展农村人居环境综合整治的基本原则。各地要根据不同地理环境、不同风俗习惯以及当地经济发展水平来有序推进，在环境整治过程中还要兼顾农村田园风貌特征的保护，做到既尽力而为，又量力而行。

一是注重学习借鉴先进经验。浙江省的“千万工程”为我们提供了良好的示范，必须按照从易到难的原则来推进，在试点成功的基础上，扩大到面，通过实践探索，不断积累经验，最终实现整体提升。

二是注重因地制宜科学规划。坚持规划先行，按照先规划后实施的原则，根据不同村庄各自的人居环境现状，突出实用性，既要符合农村自身实际，尽可能满足广大农民的差异化、合理化需要，还要注重体现乡村特色。实行多规合一，做到乡村建设规划与土地利用总体规划、自然生态环境建设规划、产业发展规划等的衔接统一，强化农村房屋建设审批管控，实现乡村规划管理的全覆盖。

三是注重涵养乡村文化。农村田园风貌中饱含广大农民的家园情结，所有环境整治工作要注意保护地域特色，注重从总体上提升田、水、路、林、村风貌，留住乡情美景，留住浓浓乡愁。

39. 如何建立健全多层次、广覆盖、可持续的农村金融服务体系?

国家建立健全多层次、广覆盖、可持续的农村金融服务体系，完善金融支持乡村振兴考核评估机制，促进农村普惠金融发展，鼓励金融机构依法将更多资源配置到乡村发展的重点领域和薄弱环节。

政策性金融机构应当在业务范围内为乡村振兴提供信贷支持和其他金融服务，加大对乡村振兴的支持力度。

商业银行应当结合自身职能定位和业务优势，创新金融产品和服务模式，扩大基础金融服务覆盖面，增加对农民和农业经营主体的信贷规模，为乡村振兴提供金融服务。

农村商业银行、农村合作银行、农村信用社等农村中小金融机构应当主要为本地农业农村农民服务，当年新增可贷资金主要用于当地农业农村发展。

40. 实施《农村人居环境整治提升五年行动方案》应坚持的原则是什么？

坚持规划先行，突出统筹推进。树立系统观念，先规划后建设，以县域为单位统筹推进农村人居环境整治提升各项重点任务，重点突破和综合整治、示范带动和整体推进相结合，合理安排建设时序，实现农村人居环境整治提升与公共基础设施改善、乡村产业发展、乡风文明进步等互促互进。

坚持立足农村，突出乡土特色。遵循乡村发展规律，体现乡村特点，注重乡土味道，保留乡村风貌，留住田园乡愁。坚持农业农村联动、生产生活生态融合，推进农村生活污水垃圾减量化、资源化、循环利用。

坚持问需于民，突出农民主体。充分体现乡村建设为农民而建，尊重村民意愿，激发内生动力，保障村民知情权、参与权、表达权、监督权。坚持地方为主，强化地方党委和政府责任，鼓励社会力量积极参与，构建政府、市场主体、村集体、村民等多方共建共管格局。

坚持持续推进，突出健全机制。注重与农村人居环境整治三年行动相衔接，持续发力、久久为功，积小胜为大成。建管用并重，着力构建系统化、规范化、长效化的政策制度和工作推进机制。

41. 如何推进农村“厕所革命”？

明确任务要求，全面摸清底数。要认真落实《农村人居环境整治提升五年行动方案》对各类厕所数量和改厕标准的任务要求，组织开展农村厕所现状大摸底，以县域为单位摸清农村户用厕所、公共厕所、旅游厕所的数量、布点、模式等信息。深入开展调查研究，了解农村厕所建设、管理维护、使用满意度等情况，及时查找问题，及时跟踪农民群众对厕所建设改造的新认识、新需求。

科学编制改厕方案。要综合考虑地理环境、气候条件、经济水平、农民生产生活习惯等因素，结合乡村振兴、改善农村人居环境等规划，按照村庄类型，突出乡村优势，体现农村风土人情，因地制宜逐乡（或逐村）论证编制农村“厕所革命”专项实施方案，明确年度任务、资金安排、保障措施等。中西部地处偏远、山区、经济欠发达的地方，特别是严寒、缺水地区，可以县域为单位合理确定农村改厕目标任务。

切实提高改厕质量。科学选择改厕技术模式，宜水则水、宜旱则旱。技术模式应至少经过一个周期试点试验，成熟后再逐步推开。严格执行标准，把标准贯穿于农村改厕全过程。在水冲式厕所改造中积极推广节水型、少水型水冲设施。加快研发干旱和寒冷地区卫生厕所适用技术和产品。加强生产流通领域农村改厕产品质量监管，把好农村改厕产品采购质量关，强化施工质量监管。鼓励厕所入户进院，有条件的地区要积极推动厕所入室。农村公共厕所建设要以农村社区综合服务中心、文化活动中心、中小学、集贸市场等公共场所，以及中心村等人口较集中区域为重点，科学选址，明确建设要求。可按相关厕所标准设计，因地制宜建设城乡接合部、公路沿线乡村和旅游公厕，进一步提升卫生水平。施工建设砖混结构贮粪池时把不渗不漏作为基本要求，采用一体化厕所产品时注重材料强度和密闭性，避免造成二次污染。

整村推进，开展示范建设。要学习借鉴浙江“千村示范、万村整治”工程经验，总结推广一批适宜不同地区、不同类型、不同水平的农村改厕典型范例。鼓励和支持整村推进农村“厕所革命”示范建设，坚持“整村推进、分类示范、自愿申报、先建后验、以奖代补”的原则，有序推进，树立一批农村卫生厕所建设示范县、示范村，分阶段、分批次滚动推进，以点带面、积累经验、形成规范。

完善建设管护运行机制。坚持建管并重，充分发挥村级组织和农民主体作用，鼓励采取政府购买服务等方式，建立政府引导与市场运作相结合的后续管护机制，做到有制度管护、有资金维护、有人员看护，形成规范化的运行维护机制，确保建设和管理到位。组织开展农村厕所建设和维护相关人员培训，引导当地农民组建社会化、专业化、职业化服务队伍。

加强厕所粪污无害化处理与资源化利用。加强农村厕所革命与生活污水治理有机衔接，因地制宜推进厕所粪污分散处理、集中处理与纳入污水管网统一处理，鼓励联户、联村、村镇一体处理。鼓励有条件的地区积极推动卫生厕所改造与生活污水治理一体化建设，暂时无法同步建设的应为后期建设预留空间。积极推进农村厕所粪污资源化利用，统筹使用畜禽粪污资源化利用设施设备，逐步推动厕所粪污就地就农消纳、综合利用。

42. 怎样鼓励社会资本积极参与乡村振兴建设?

明确重点投资领域。对于乡村急需投资建设的领域，通过建立健全利益共享机制，盘活农村自然资源、集体资产和农民房产。

构建支持政策体系，综合运用财政、土地、金融、税收等政策手段，通过以奖代补、民办公助、政府购买服务等多种方式，加大对社会资本投资项目的支持力度。

搭好投资对接服务平台，全面加强政府服务农业农村领域项目平台建设，为社会资本投资乡村振兴提供项目信息、规划、融资、建设、运营等一揽子服务，解决信息不对称问题，提高社会资本投资效率，降低社会资本投资风险。

43. 怎样理解探索宅基地所有权、资格权、使用权分置实现形式？

探索宅基地所有权、资格权、使用权分置实现形式，需要紧紧围绕正确处理农民和土地的关系这一主线，以保障农民基本居住权为前提，建立适应乡村振兴要求的宅基地制度。

一是探索宅基地所有权实现形式。农村宅基地属于农民集体所有，需要围绕界定所有权权能、明确集体管理职责、保障所有权权益等问题，探索集体经济组织干什么、怎么干，重点明确农村集体经济组织承担的宅基地分配、调整、收回、监督等职能，探索宅基地重大事项决定和矛盾纠纷调解机制。同时，需要处理好集体同农民的关系，既要依法保护集体所有权权益，也要保障农民宅基地合法权益。

二是探索宅基地资格权实现形式。宅基地农户资格权，是农户作为农村集体经济组织成员所获得的保障基本居住的资格权利，只有农村集体经济组织成员才有宅基地资格权。需要围绕保障农民宅基地合法权益，在宅基地资格权认定、宅基地分配、农民住房保障方式等方面开展探索，既注重保护农户基于集体经济组织成员身份获得宅基地分配资格的权利，也注重保护农户凭集体经济组织成员身份得到宅基地后的占有、使用、处置等方面的权利。重点探索宅基地资格权人认定机制、资格权权能和多种实现形式、农民户有所居的多种保障形式、农民建房用地指标保障机制等。

三是探索宅基地使用权实现形式。放活宅基地使用权，是保障农民财产权利的重大举措，也是盘活利用闲置宅基地的重要途径。需要在落实宅基地集体所有权和保障宅基地农户资格权基础上，在宅基地使用权流转形式、权能实现和农民房屋财产权保障等方面进行探索，重点探索农村集体经济组织及其成员通过自营、出租、入股、合作等多种形式，盘活利用农村闲置宅基地和闲置住宅发展乡村产业的有效途径，提高闲置宅基地和农房利用效率效益，增加农民和农村集体经济组织财产性收入。

探索宅基地所有权、资格权、使用权分置实现形式，既涉及资源利用和经济发展，也涉及农村民生和社会稳定，需要坚守底线、稳慎推进。坚持改革的正确方向，必须坚持农村土地集体所有不动摇，保障农民基本居住权利和物质利益，严守土地公有制性质不改变、耕地红线不突破、农民利益不受损的底线。宅基地改革需要坚持尊重农民意愿，充分发挥农民的积极性、主动性，支持农民的创新创造，把选择权交给农民，通过民主协商化解矛盾、解决问题，不搞一刀切，农民不接受不能强制推行，保持足够历史耐心，让改革得到群众拥护、惠及广大农民。宅基地改革需要注重统筹协调、系统集成，做好基础工作，搞好配套改革，强化宅基地规划管控和审批监管，探索宅基地有偿使用和退出机制，加强同农村集体产权制度、土地征收、集体经营性建设用地入市等改革的衔接，推动同户籍、财税、社保、金融等领域改革的协调配套，形成完善宅基地制度、加快乡村振兴的强大合力。

44. 为什么要保障进城落户农民土地承包权、宅基地使用权、集体收益分配权，鼓励依法自愿有偿转让？

随着我国工业化、城镇化深入推进，大量农民进城务工经商，有的已在城镇落户。如何保障进城落户农民在农村集体经济中的合法土地权益，是当前和今后一个时期亟待解决的问题。

有效维护进城落户农民的土地权益。土地承包权、宅基地使用权、集体收益分配权是我国法律赋予农民的基本权利，是农村土地集体所有制的根本体现。《中华人民共和国农村土地承包法》规定："国家保护进城农户的土地承包经营权。不得以退出土地承包经营权作为农户进城落户的条件。"《中华人民共和国土地管理法》规定："国家允许进城落户的农村村民依法自愿有偿退出宅基地，鼓励农村集体经济组织及其成员盘活利用闲置宅基地和闲置住宅。"《中华人民共和国民法典》对农民的土地承包经营权、宅基地使用权的取得、行使、转让等做出了进一步的法律规范。党和国家的政策、法律都对维护进城落户农民合法土地权益发挥了重要作用。

促进进城落户农民土地权益的转让。坚持通过采用市场经济的办法，对转让或退出农村土地权益的进城落户农民给予合理补偿。这样既可以减少土地转让的阻力，有利于促进土地的规模经营；又可以实现土地的价值，增加农民财产性收入，有利于他们更快融入城镇。为此，需加强对农村土地权益转让、退出机制改革的制度设计，积极开展试点探索，加快构建土地权益顺畅流转的市场化通道，推动农村土地资源社会效益和经济效益"双提升"，实现国家、集体、个人利益"多赢"。在完成农村承包地确权登记颁证的基础上，加快推进农村宅基地和农民住房确权登记颁证。全面推进农村集体产权制度改革，有序开展集体经济组织成员身份确认、集体资产折股量化、股份合作制改革，进一步明晰农民集体收益分配权。积极培育农村产权交易市场，推动土地权益转让公开、公平、规范运行，通过市场交易实现价值、提高土地要素配置效率，使土地资源要素得以高效、顺畅流转。

进城落户农民土地权益的维护和转让，是一项政策性很强的工作，在实践中需要坚持依法自愿有偿原则，特别是不得以退出承包地和宅基地作为农民进城落户的前置条件。坚持严格土地用途管制和规划管控，严禁城镇居民到农村购买宅基地，严禁利用农村宅基地建设别墅大院和私人会馆，坚决杜绝集体土地失管失控。

45. 如何理解稳定土地承包关系“长久不变”？

土地承包合同有效期的长久不变。“长久不变”的执行时间以 1998 年第二轮延包开始时间为准。而合同有效持续期限不定，可根据所附条件是否发生来确定合同的有效期限，期限可能很长，也可能很短，比如一些农户由于部分家庭成员死亡、迁移、就业或者是承包人的自然死亡导致承包主体（农户）资格消失等。

土地承包关系形式的长久不变。目前，我国农村土地经营形式有集体经营、国家经营和家庭经营。但党的十七大明确要求稳定和完善土地承包关系必须坚持农村基本经济制度。因此，党中央提出的“长久不变”，指的是农村土地由家庭经营这种经营形式长久不变，这是由我们农村基本经济制度决定的。

赋予农民更加充分而有保障的土地承包经营权。目前，通过《中华人民共和国农村土地承包法》和《中华人民共和国物权法》，国家已经赋予了农民对承包土地享有占有、使用、收益和流转的权利以及承包地被依法征收获得补偿的权利。这些权利构成了土地承包经营权的权能结构，是法定权利，是设立在农村集体土地所有权上的用益物权。

46. 如何完善农村新增用地保障机制？

统筹农业农村各项土地利用活动，乡镇土地利用总体规划可以预留一定比例的规划建设用地指标，用于农业农村发展。根据规划确定的用地结构和布局，年度土地利用计划分配中可安排一定比例新增建设用地指标专项支持农业农村发展。对于农业生产过程中所需各类生产设施和附属设施用地，以及由于农业规模经营必须兴建的配套设施，在不占用永久基本农田的前提下，纳入设施农用地管理，实行县级备案。鼓励农业生产与村庄建设用地复合利用，发展农村新产业新业态，拓展土地使用功能。

47. 如何盘活农村存量建设用地？

完善农民闲置宅基地和闲置农房政策，探索宅基地所有权、资格权、使用权“三权分置”，落实宅基地集体所有权，保障宅基地农户资格权和农民房屋财产权，适度放活宅基地和农民房屋使用权，不得违规违法买卖宅基地，严格实行土地用途管制，严格禁止下乡利用农村宅基地建设别墅大院和私人会馆。在符合土地利用总体规划前提下，允许县级政府通过村土地利用规划调整优化村庄用地布局，有效利用农村零星分散的存量建设用地。对利用收储农村闲置建设用地发展农村新产业新业态的，给予新增建设用地指标奖励。

48. 如何夯实农村信息化基础？

深化电信普遍服务，加快农村地区宽带网络和第四代移动通信网络覆盖步伐。实施新一代信息基础设施建设工程。实施数字乡村战略，加快物联网、地理信息、智能设备等现代信息技术与农村生产生活的全面深度融合，深化农业农村大数据创新应用，推广远程教育、远程医疗、金融服务进村等信息服务，建立空间化、智能化的新型农村统计信息系统。在乡村信息化基础设施建设过程中，同步规划、同步建设、同步实施网络安全工作。

49. 如何大力推进数字乡村建设?

推进智慧农业发展，促进信息技术与农机农艺融合应用。加强农民数字素养与技能培训。以数字技术赋能乡村公共服务，推动“互联网＋政务服务”向乡村延伸覆盖。着眼解决实际问题，拓展农业农村大数据应用场景。加快推动数字乡村标准化建设，研究制定发展评价指标体系，持续开展数字乡村试点。加强农村信息基础设施建设。

50. 如何全面推进健康乡村建设?

深入实施国家基本公共卫生服务项目，完善基本公共卫生服务项目补助政策，提供基础性全方位全周期的健康管理服务。加强慢性病、地方病综合防控，大力推进农村地区精神卫生、职业病和重大传染病防治。增强妇幼健康服务能力，倡导优生优育。加强基层医疗卫生服务体系建设，基本实现每个乡镇都有 1 所政府举办的乡镇卫生院，每个行政村都有 1 所卫生室，每个乡镇卫生院都有全科医生，支持中西部地区基层医疗卫生机构标准化建设和设备提档升级。切实加强乡村医生队伍建设，支持并推动乡村医生申请执业（助理）医师资格。全面建立分级诊疗制度，实行差别化的医保支付和价格政策。深入推进基层卫生综合改革，完善基层医疗卫生机构绩效工资制度。开展和规范家庭医生签约服务。树立大卫生大健康理念，广泛开展健康教育活动，倡导科学文明健康的生活方式，养成良好卫生习惯，提升居民文明卫生素质。

51. 如何全面加强农村社会保障体系建设？

按照兜底线、织密网、建机制的要求，全面建成覆盖全民、城乡统筹、权责清晰、保障适度、可持续的多层次社会保障体系。进一步完善城乡居民基本养老保险制度，加快建立城乡居民基本养老保险待遇确定和基础养老金标准正常调整机制。完善统一的城乡居民基本医疗保险制度和大病保险制度，做好农民重特大疾病救助工作，健全医疗救助与基本医疗保险、城乡居民大病保险及相关保障制度的衔接机制，巩固城乡居民医保全国异地就医联网直接结算。推进低保制度城乡统筹发展，健全低保标准动态调整机制。全面实施特困人员救助供养制度，提升托底保障能力和服务质量。推动各地通过政府购买服务、设置基层公共管理和社会服务岗位、引入社会工作专业人才和志愿者等方式，为农村留守儿童和妇女、老年人以及困境儿童提供关爱服务。加强和改善农村残疾人服务，将残疾人普遍纳入社会保障体系予以保障和扶持。

52. 如何提升基层医疗服务水平？

全面开展家庭医生签约服务，推动中医药服务进乡村、进家庭，加强基层中医药的推广应用。

建立健全预约诊疗、远程医疗、临床路径管理、检查检验结果互认、医务社工和志愿者等5项制度，形成长效工作机制。

完善分级诊疗制度，提供医联体内连续性医疗服务，大力推广日间服务，提高医疗资源利用效率。

广泛应用信息技术，发挥“互联网+医疗卫生”的支撑作用，建设智慧医疗。

加快医疗设备配备，加强乡村医生队伍建设，加强基层医疗卫生机构全科医生转岗培训。

加强农村社会保障体系建设，深化社会保障制度改革，实现城乡之间社会保险、社会救助、社会福利统筹衔接。

53. 如何建设完善乡村养老服务体系？

重点发展农村互助养老服务，创新多元化照料服务模式，建立以居家为基础、社区为依托、机构为补充的多层次养老服务体系。

大力支持主要面向失能和半失能老年人的老年养护院、

医养结合设施、农村幸福院等养老服务设施建设运营。

建立健全农村留守老年人关爱服务体系，推进老年宜居环境建设，开展适老化设施改造。

鼓励企业、集体、个人投入农村康养产业开发项目。

第二章　产业振兴

54. 如何理解产业振兴是乡村振兴的基础？

产业是发展的根基，只有产业振兴，才能增强乡村吸引力，促进各类生产要素向乡村聚集。推进乡村振兴，要打牢夯实产业振兴这个基础。

产业兴才能乡村兴，经济强才能人气旺。以深化农业供给侧结构性改革为主线，加快构建现代农业产业体系、生产体系、经营体系，推进农业由增产导向转向提质导向，必将不断提高农业创新力、竞争力和全要素生产率，加快实现由农业大国向农业强国的转变。

构建现代农业生产体系，实现产业兴旺，要以深化农业供给侧结构性改革为主线，其中坚持质量兴农是重要要求。构建现代农业经营体系，在实现农业现代化的过程中，发展规模经营、培育新型农业经营主体是重要环节。构建现代农业产业体系，推进农村一二三产业融合发展，是拓宽农民增收渠道、构建现代农业产业体系的重要举措。

55. 如何加快构建和完善现代农业产业体系？

各级人民政府应当坚持以农民为主体，以乡村优势特色资源为依托，支持、促进农村一二三产业融合发展，推动建立现代农业产业体系、生产体系和经营体系，推进数字乡村建设，培育新产业、新业态、新模式和新型农业经营主体，促进小农户和现代农业发展有机衔接。

56. 怎样实现农村一二三产业融合发展？

着力推进新型城镇化。将农村产业融合发展与新型城镇化建设有机结合，引导农村二三产业向县城、重点乡镇及产业园区等集中。

加快农业结构调整。以农牧结合、农林结合、循环发展为导向，调整优化农业种植养殖结构，加快发展绿色农业。

延伸农业产业链。通过农产品精深加工、冷链物流体系、优势产区批发市场建设等方式，实现农副产业与市场流通、存储的有机衔接，促进“农业 + 加工业”“农业 + 服务业”融合。

拓展农业多种功能。推进农业与旅游、教育、文化、健康养老等产业深度融合。实现农业从生产向生态、生活功能拓展，大力发展休闲农业、乡村旅游、创意农业、农耕体验以及乡村手工艺等，使之成为繁荣农村、富裕农民的新兴支柱产业。

大力发展农业新型业态。发展农村新型创意业态，包括休闲观光、体验农业、养生养老、创意农业等旅游业态，优质林果、设施蔬菜、草食畜牧、中药材、花卉种植等特色业态，农村电商、农产品定制等“互联网+”新业态，促进“加工业+服务业”“农业+加工业+服务业”融合，实现一二三产业融合发展。

引导产业集聚发展。加强农村产业融合发展与城乡规划、土地利用总体规划有效衔接，完善县域产业空间布局和功能定位。

57. 什么是农业社会化服务体系？

农业社会化服务体系，是指与农业相关的社会经济组织为满足农业生产发展的需要，为直接从事农业生产的经营主体提供各种服务而构成的网络体系。从本质上来说，农业社会化服务体系，就是农业的分工体系和市场体系。

58. 如何优化农业生产力布局?

以全国主体功能区划确定的农产品主产区为主体，立足各地农业资源禀赋和比较优势，构建优势区域布局和专业化生产格局，打造农业优化发展区和农业现代化先行区。东北地区重点提升粮食生产能力，依托“大粮仓”打造粮肉奶综合供应基地。华北地区着力稳定粮油和蔬菜、畜产品生产保障能力，发展节水型农业。长江中下游地区切实稳定粮油生产能力，优化水网地带生猪养殖布局，大力发展名优水产品生产。华南地区加快发展现代畜禽水产和特色园艺产品，发展具有出口优势的水产品养殖。西北、西南地区和北方农牧交错区加快调整产品结构，限制资源消耗大的产业规模，壮大区域特色产业。青海、西藏等生态脆弱区域坚持保护优先、限制开发，发展高原特色农牧业。

59. 如何加快农业产业结构调整?

以农牧结合、农林结合、循环发展为导向，调整优化农业种植养殖结构，加快发展绿色农业。建设现代饲草料产业体系，推广优质饲草料种植，促进粮食作物、经济作物、饲草料作物三元种植结构协调发展。大力发展种养结合循环农业，合理布局规模化养殖场。加强海洋牧场建设。积极发展林下经济，推进农林复合经营。推广适合精深加工、休闲采摘的作物新品种。加强农业标准体系建设，严格生产全过程管理。

60. 如何延伸农业产业链？

发展农业生产性服务业，鼓励开展代耕代种代收、大田托管、统防统治、烘干储藏等市场化和专业化服务。完善农产品产地初加工补助政策，扩大实施区域和品种范围，初加工用电享受农用电政策。加强政策引导，支持农产品深加工发展，促进其向优势产区和关键物流节点集中，加快消化粮棉油库存。支持农村特色加工业发展。加快农产品冷链物流体系建设，支持优势产区产地批发市场建设，推进市场流通体系与储运加工布局有机衔接。在各省（区、市）年度建设用地指标中单列一定比例，专门用于新型农业经营主体进行农产品加工、仓储物流、产地批发市场等辅助设施建设。健全农产品产地营销体系，推广农超、农企等形式的产销对接，鼓励在城市社区设立鲜活农产品直销网点。

61. 如何构建安全高效的供给保障体系？

国家采取措施优化农业生产力布局，推进农业结构调整，发展优势特色产业，保障粮食和重要农产品有效供给和质量安全，推动品种培优、品质提升、品牌打造和标准化生产，推动农业对外开放，提高农业质量、效益和竞争力。

国家实行重要农产品保障战略，分品种明确保障目标，构建科学合理、安全高效的重要农产品供给保障体系。

62. 如何促进种业高质量发展？

国家加强农业种质资源保护利用和种质资源库建设，支持育种基础性、前沿性和应用技术研究，实施农作物和畜禽等良种培育、育种关键技术攻关，鼓励种业科技成果转化和优良品种推广，建立并实施种业国家安全审查机制，促进种业高质量发展。

63. 如何提升农机装备研发应用水平？

全面梳理短板弱项，加强农机装备工程化协同攻关，加快大功率机械、丘陵山区和设施园艺小型机械、高端智能机械研发制造，并纳入国家重点研发计划予以长期稳定支持。实施农机购置与应用补贴政策，优化补贴兑付方式。完善农机性能评价机制，推进补贴机具有进有出、优机优补，重点支持粮食烘干、履带式作业、玉米大豆带状复合种植、油菜籽收获等农机，推广大型复合智能农机。推动新生产农机排放标准升级。开展农机研发制造推广应用一体化试点。

64. 为什么要加快培育农民合作社、家庭农场等新型农业经营主体？

我们党始终把坚持和完善农村基本经营制度作为“三农”政策的基石，坚持稳定土地承包关系，坚持家庭经营的基础性地位，通过不断完善相关法律法规，保障农民对承包地占有、使用、收益、流转和承包经营权抵押、担保权能。实践充分证明，双层经营体制有效契合我国国情和农业生产特点，把农民利益同国家、集体利益较好地结合起来，调动了广大农民生产积极性和创造性，提高了农业生产效率，必须长期坚持。但也要看到，双层经营体制在“统”和“分”两个层面都存在不适应现代农业发展的问题。从“分”的层面看，全国农村户均占有耕地面积仅 10.5 亩，农业经营规模小、农地细碎化的问题突出，限制了农业效率和竞争力的提升，也制约了现代农业的发展。从“统”的层面看，农村集体经济薄弱，且内部治理机制不完善，难以承担起统一经营的职能，以致出现双层经营“一条腿长、一条腿短”的问题，致使家庭经营的风险和成本难以有效降低，同时也制约了农村集体经济发展和公平目标的实现。

经过多年的实践探索，人们逐渐认识到，家庭农场和农民合作社这两类经营主体，可以成为完善双层经营体制的有效载体。具体来看，在“分”的层面，小农户同在小农户基础上发展起来的家庭农场并存，家庭农场代表着发展方向，并将逐渐居于主导地位。依靠家庭农场，各地逐步发展起同农业劳动力转移步伐相适应的适度规模经营。在“统”的层面，以家庭农场为基础组建起来的农民合作社及其兴办的社有企业，同各类农业产业化龙头企业等社会化服务组织并存，农民合作社代表着统一经营的发展方向，并逐渐居于主导地位。农民合作社构建了一种劳动者集体占有支配生产资料的组织形式，是市场经济条件下农村集体经济新的实现形式和运行方式。依托发展这两类农业经营主体，赋予双层经营体制新的内涵，是在继承和发展现行农业经营体制基础上的重大变革。

培育家庭农场，发展适度规模经营，是建设现代农业的前进方向和必由之路。在这个过程中，如何把握好家庭农场经营规模的“度”是一个重要的政策取向。经营规模太小，实现不了规模效益，不利于农业集约化生产；经营规模过大，超越了家庭的经营能力，也不利于公平目标的实现。从近年来一些地方的成功做法看，把握家庭农场经营规模“度”的下限，是保证家庭农场获得同非农就业相当的农业收入；上限是家庭成员的经营能力。需要逐步加大对家庭农场的支持，建立完善支持家庭农场发展的政策体系。

发展家庭农场，还需要处理好同小农户的关系。我国小农经济有几千年历史，“大国小农”是我国的基本国情和农情。家庭农场的发育是一个长期的过程，对此需要有历史耐心，更需要尊重农民意愿。一方面，需要积极创造条件，加快农业转移人口市民化步伐，拓宽进城落户农民自愿有偿转让农村土地权益的渠道，引导更多农民实现“离土又离乡”，从而为家庭农场发展创造条件；另一方面，需要正视现阶段小农生产在稳定农业生产、解决农民就业增收、传承农耕文明、促进农村社会和谐等方面所具有的不可替代的作用，坚持从实际出发，坚持家庭经营规模宜大则大、宜小则小，不搞一刀切。同时还需要注重发挥农民合作社等新型农业经营主体的带动作用，提升小农户组织化程度，改善小农户生产设施条件、提升小农户抗风险能力，把小农生产引入现代农业发展轨道。

65. 如何发展新型农村集体经济?

深入推进农村集体产权制度改革，推动资源变资产、资金变股金、农民变股东，发展多种形式的股份合作。完善农民对集体资产股份的占有、收益、有偿退出及抵押、担保、继承等权能和管理办法。研究制定农村集体经济组织法，充实农村集体产权权能。鼓励经济实力强的农村集体组织辐射带动周边村庄共同发展。发挥村党组织对集体经济组织的领导核心作用，防止内部少数人控制和外部资本侵占集体资产。

66. 如何完善农产品质量监管追溯制度，确保人民“舌尖上的安全”？

完善农产品质量相关体系。主要包括完善农产品质量安全标准体系，完善农产品质量安全监管体系，完善农产品质量分级及产地准出、市场准入制度。

建立健全农产品质量安全风险评估、监测预警和应急处置机制。主要包括强化农产品质量安全风险评估，强化检验监测预警，强化应急处置。

完善农产品质量安全监管追溯系统。主要包括推进平台建设，出台农产品质量安全追溯管理办法，推动智慧监管，落实生产经营者主体责任，强化农产品生产经营者的质量安全意识。

建立农资和农产品生产企业信用信息系统。主要包括深入推进信用信息系统建设，完善信用信息记录，引导农资和农产品生产经营主体成立行业协会，健全组织体系和治理结构，努力营造诚信守法的良好氛围。

67. 如何通过建设现代农业体系，推动农业农村创新驱动发展？

国家采取措施加强农业科技创新，培育创新主体，构建以企业为主体、产学研协同的创新机制，强化高等学校、科研机构、农业企业创新能力，建立创新平台，加强新品种、新技术、新装备、新产品研发，加强农业知识产权保护，推进生物种业、智慧农业、设施农业、农产品加工、绿色农业投入品等领域创新，建设现代农业产业技术体系，推动农业农村创新驱动发展。

国家健全农业科研项目评审、人才评价、成果产权保护制度，保障对农业科技基础性、公益性研究的投入，激发农业科技人员创新积极性。

68. 如何壮大特色优势产业？

以各地资源禀赋和独特的历史文化为基础，有序开发优势特色资源，做大做强优势特色产业。创建特色鲜明、优势集聚、市场竞争力强的特色农产品优势区，支持特色农产品优势区建设标准化生产基地、加工基地、仓储物流基地，完善科技支撑体系、品牌与市场营销体系、质量控制体系，建立利益联结紧密的建设运行机制，形成特色农业产业集群。

按照与国际标准接轨的目标，支持建立生产精细化管理与产品品质控制体系，采用国际通行的良好农业规范，塑造现代顶级农产品品牌。实施产业兴村强县行动，培育农业产业强镇，打造一乡一业、一村一品的发展格局。

69. 如何提升农业科技创新水平？

培育符合现代农业发展要求的创新主体，建立健全各类创新主体协调互动和创新要素高效配置的国家农业科技创新体系。强化农业基础研究，实现前瞻性基础研究和原创性重大成果突破。加强种业创新、现代食品、农机装备、农业污染防治、农村环境整治等方面的科研工作。深化农业科技体制改革，改进科研项目评审、人才评价和机构评估工作，建立差别化评价制度。深入实施现代种业提升工程，开展良种重大科研联合攻关，培育具有国际竞争力的种业龙头企业，推动建设种业科技强国。

70. 如何加快农业新技术推广和科研成果的转化？

国家加强农业技术推广体系建设，促进建立有利于农业科技成果转化推广的激励机制和利益分享机制，鼓励企业、高等学校、职业学校、科研机构、科学技术社会团体、农民专业合作社、农业专业化社会化服务组织、农业科技人员等创新推广方式，开展农业技术推广服务。

71. 如何发挥农村资源和生态优势，增强乡村产业竞争力？

各级人民政府应当发挥农村资源和生态优势，支持特色农业、休闲农业、现代农产品加工业、乡村手工业、绿色建材、红色旅游、乡村旅游、康养和乡村物流、电子商务等乡村产业的发展；引导新型经营主体通过特色化、专业化经营，合理配置生产要素，促进乡村产业深度融合；支持特色农产品优势区、现代农业产业园、农业科技园、农村创业园、休闲农业和乡村旅游重点村镇等的建设；统筹农产品生产地、集散地、销售地市场建设，加强农产品流通骨干网络和冷链物流体系建设；鼓励企业获得国际通行的农产品认证，增强乡村产业竞争力。

发展乡村产业应当符合国土空间规划和产业政策、环境保护的要求。

72. 如何不断壮大农业产业化龙头企业？

充分发挥农业龙头企业的引领示范作用，通过实施财税、金融、人才等配套措施，优先扶持培育一批和引进一批起点高、规模大的龙头企业，建立“龙头企业 + 基地 + 合作社 + 农户”的模式。

因地制宜、因业制宜，通过政策扶持和资金补助使当地优势强、收益高、见效快、市场需求量较大的农产品得到长足发展，在农产品空间布局上逐渐向某一地区集中，形成具有区域特色的主导产品和支柱产业，不断增加名特优新品，形成产业类型多头并举的产业结构。

支持龙头企业引进先进的生产加工设备，开展技术创新，重点引进改造升级育种、生产、加工、包装、储藏、流通等关键设施装备，提升农产品加工能力。

围绕主导产业，加强基地建设。健全土地承包经营权流转市场，支持龙头企业依法合理流转土地，允许打破行政区域，优化产业布局，提高生产规模化水平。

73. 如何培育提升农业品牌？

实施农业品牌提升行动，加快形成以区域公用品牌、企业品牌、大宗农产品品牌、特色农产品品牌为核心的农业品牌格局。推进区域农产品公共品牌建设，擦亮老品牌，塑强新品牌，引入现代要素改造提升传统名优品牌，努力打造一批国际知名的农业品牌和国际品牌展会。做好品牌宣传推介，借助农产品博览会、展销会等渠道，充分利用电商、“互联网 +”等新兴手段，加强品牌市场营销。加强农产品商标及地理标志商标的注册和保护，构建我国农产品品牌保护体系，打击各种冒用、滥用公用品牌行为，建立区域公用品牌的授权使用机制以及品牌危机预警、风险规避和紧急事件应对机制。

74. 如何大力发展县域富民产业？

支持大中城市疏解产业向县域延伸，引导产业有序梯度转移。大力发展县域范围内比较优势明显、带动农业农村能力强、就业容量大的产业，推动形成“一县一业”发展格局。加强县域基层创新，强化产业链与创新链融合。加快完善县城产业服务功能，促进产业向园区集中、龙头企业做大做强。引导具备条件的中心镇发展专业化中小微企业集聚区，推动重点村发展乡村作坊、家庭工场。

75. 如何培育新产业新业态？

深入实施电子商务进农村综合示范，建设具有广泛性的农村电子商务发展基础设施，加快建立健全适应农产品电商发展的标准体系。研发绿色智能农产品供应链核心技术，加快培育农业现代供应链主体。加强农商互联，密切产销衔接，发展农超、农社、农企、农校等产销对接的新型流通业态。实施休闲农业和乡村旅游精品工程，发展乡村共享经济等新业态，推动科技、人文等元素融入农业。强化农业生产性服务业对现代农业产业链的引领支撑作用，构建全程覆盖、区域集成、配套完备的新型农业社会化服务体系。清理规范制约农业农村新产业新业态发展的行政审批事项。着力优化农村消费环境，不断优化农村消费结构，提升农村消费层次。

76. 如何提高农民参与产业融合发展的积极性?

鼓励农民以土地、林权、资金、劳动、技术、产品为纽带，开展多种形式的合作与联合，依法组建农民专业合作社联合社，强化农民作为市场主体的平等地位。引导农村集体经济组织挖掘集体土地、房屋、设施等资源和资产潜力，依法通过股份制、合作制、股份合作制、租赁等形式，积极参与产业融合发展。积极培育社会化服务组织，加强农技指导、信用评价、保险推广、市场预测、产品营销等服务，为农民参与产业融合创造良好条件。

77. 如何培育壮大创新创业群体？

推进产学研合作，加强科研机构、高校、企业、返乡下乡人员等主体协同，推动农村创新创业群体更加多元。培育以企业为主导的农业产业技术创新战略联盟，加速资金、技术和服务扩散，带动和支持返乡创业人员依托相关产业链创业发展。整合政府、企业、社会等多方资源，推动政策、技术、资本等各类要素向农村创新创业集聚。鼓励农民就地创业、返乡创业，加大各方资源支持本地农民兴业创业力度。深入推行科技特派员制度，引导科技、信息、资金、管理等现代生产要素向乡村集聚。

78. 如何合理利用一定的财政收入来实现高效支农？

国家建立健全农业支持保护体系和实施乡村振兴战略财政投入保障制度。县级以上人民政府应当优先保障用于乡村振兴的财政投入，确保投入力度不断增强、总量持续增加、与乡村振兴目标任务相适应。

省、自治区、直辖市人民政府可以依法发行政府债券，用于现代农业设施建设和乡村建设。

各级人民政府应当完善涉农资金统筹整合长效机制，强化财政资金监督管理，全面实施预算绩效管理，提高财政资金使用效益。

79. 如何促进农民增加收入?

各级人民政府应当完善扶持政策，加强指导服务，支持农民、返乡入乡人员在乡村创业创新，促进乡村产业发展和农民就业。

各级人民政府应当建立健全有利于农民收入稳定增长的机制，鼓励支持农民拓宽增收渠道，促进农民增加收入。

国家采取措施支持农村集体经济组织发展，为本集体成员提供生产生活服务，保障成员从集体经营收入中获得收益分配的权利。

国家支持农民专业合作社、家庭农场和涉农企业、电子商务企业、农业专业化社会化服务组织等以多种方式与农民建立紧密型利益联结机制，让农民共享全产业链增值收益。

80. 如何合理保障农民种粮收益?

按照让农民种粮有利可图、让主产区抓粮有积极性的目标要求，健全农民种粮收益保障机制。适当提高稻谷、小麦最低收购价，稳定玉米、大豆生产者补贴和稻谷补贴政策，实现三大粮食作物完全成本保险和种植收入保险主产省产粮大县全覆盖。加大产粮大县奖励力度，创新粮食产销区合作机制。支持家庭农场、农民合作社、农业产业化龙头企业多种粮、种好粮。聚焦关键薄弱环节和小农户，加快发展农业社会化服务，支持农业服务公司、农民合作社、农村集体经济组织、基层供销合作社等各类主体大力发展单环节、多环节、全程生产托管服务，开展订单农业、加工物流、产品营销等，提高种粮综合效益。

81. 如何构建农业对外开放新格局

建立健全农产品贸易政策体系。实施特色优势农产品出口提升行动，扩大高附加值农产品出口。积极参与全球粮农治理。加强与“一带一路”沿线国家合作，积极支持有条件的农业企业走出去。建立农业对外合作公共信息服务平台和信用评价体系。放宽农业外资准入，促进引资引技引智相结合。

第三章 人才振兴

82. 如何理解人才振兴是乡村振兴的关键？

乡村振兴，人才是关键。要积极培养本土人才，鼓励外出能人返乡创业，鼓励大学生村官扎根基层，为乡村振兴提供人才保障。

全面推动乡村振兴需补齐“人才短板”。农民是乡村振兴的主力军。要就地培养更多爱农业、懂技术、善经营的新型职业农民；要通过富裕农民、提高农民、扶持农民，让农业经营有效益，让农业成为有奔头的产业，让农民成为体面的职业；要营造良好的创业环境，制定人才、财税等优惠政策，为人才搭建干事创业的平台，吸引各类人才返乡创业，激活农村的创新活力；要注重建立引导和鼓励高校毕业生到基层工作“下得去、留得住、干得好、流得动”的长效机制。

全面推动乡村人才振兴，要把人力资本开发放在首要位置。畅通智力、技术、管理下乡通道，造就更多乡土人才，聚天下人才而用之。加强懂农业、爱农村、爱农民的“三农”工作队伍建设，建立“三农”工作干部队伍培养、配备、管理、使用机制，落实关爱激励政策，引导各类人才投身乡村振兴，并要求抓紧出台培养懂农业、爱农村、爱农民的“三农”工作队伍的政策意见。

强化乡村振兴人才支撑，加快培育新型农业经营主体。让愿意留在乡村、建设家乡的人留得安心，让愿意上山下乡、回报乡村的人更有信心。激励各类人才在农村广阔天地大施所能、大展才华、大显身手，打造一支强大的乡村振兴人才队伍，在乡村形成人才、土地、资金、产业汇聚的良性循环。

83. 全面推进乡村人才振兴应遵循的工作原则是什么？

坚持加强党对乡村人才工作的全面领导。贯彻党管人才原则，将乡村人才振兴纳入党委人才工作总体部署，引导各类人才向农村基层一线流动，打造一支能够担当乡村振兴使命的人才队伍。

坚持全面培养、分类施策。围绕全面推进乡村振兴需要，全方位培养各类人才，扩大总量、提高质量、优化结构。尊重乡村发展规律和人才成长规律，针对不同地区、不同类型人才，实施差别化政策措施。

坚持多元主体、分工配合。推动政府、培训机构、企业等发挥各自优势，共同参与乡村人才培养，解决制约乡村人才振兴的问题，形成工作合力。

坚持广招英才、高效用才。坚持培养与引进相结合、引才与引智相结合，拓宽乡村人才来源，聚天下英才而用之。用好用活人才，为人才干事创业和实现价值提供机会条件，最大限度激发人才内在活力。

坚持完善机制、强化保障。深化乡村人才培养、引进、管理、使用、流动、激励等制度改革，完善人才服务乡村激励机制，让农村的机会吸引人，让农村的环境留住人。

84. 如何培育高素质农民队伍？

重点面向从事适度规模经营的农民，分层分类开展全产业链培训，加强训后技术指导和跟踪服务，支持创办领办新型农业经营主体。充分利用现有网络教育资源，加强农民在线教育培训。实施农村实用人才培养计划，加强培训基地建设，培养造就一批能够引领一方、带动一片的农村实用人才带头人。

深入推进家庭农场经营者培养，完善项目支持、生产指导、质量管理、对接市场等服务。建立农民合作社带头人人才库，加强对农民合作社骨干的培训。鼓励农民工、高校毕业生、退役军人、科技人员、农村实用人才等创办领办家庭农场、农民合作社。鼓励有条件的地方支持农民合作社聘请农业经理人。鼓励家庭农场经营者、农民合作社带头人参加职称评审、技能等级认定。

85. 如何加强农村专业人才队伍建设？

加大“三农”领域实用专业人才培育力度，提高农村专业人才服务保障能力。加强农技推广人才队伍建设，探索公益性和经营性农技推广融合发展机制，允许农技人员通过提供增值服务合理取酬，全面实施农技推广服务特聘计划。加强涉农院校和学科专业建设，大力培育农业科技、科普人才，深入实施农业科研杰出人才计划和杰出青年农业科学家项目，深化农业系列职称制度改革。

86. 如何鼓励社会人才投身全面推进乡村振兴工作？

建立健全激励机制，研究制定完善相关政策措施和管理办法，鼓励社会人才投身乡村建设。以乡情乡愁为纽带，引导和支持企业家、党政干部、专家学者、医生教师、规划师、建筑师、律师、技能人才等，通过下乡担任志愿者、投资兴业、行医办学、捐资捐物、法律服务等方式服务乡村振兴事业，允许符合要求的公职人员回乡任职。落实和完善融资贷款、配套设施建设补助、税费减免等扶持政策，引导工商资本积极投入乡村振兴事业。继续实施“三区”（边远贫困地区、边疆民族地区和革命老区）人才支持计划，深入推进大学生村官工作，因地制宜实施“三支一扶”、高校毕业生基层成长等计划，开展乡村振兴“巾帼行动”、青春建功行动。建立城乡、区域、校地之间人才培养合作与交流机制。全面建立城市医生教师、科技文化人员等定期服务乡村机制。

87. 如何加强农村电商人才培育？

提升电子商务进农村效果，开展电商专家下乡活动。依托全国电子商务公共服务平台，加快建立农村电商人才培养载体及师资、标准、认证体系，开展线上线下相结合的多层次人才培训。

88. 如何加强乡村教师队伍建设？

落实城乡统一的中小学教职工编制标准。继续实施革命老区、民族地区、边疆地区人才支持计划、教师专项计划和银龄讲学计划。加大乡村骨干教师培养力度，精准培养本土化优秀教师。改革完善“国培计划”，深入推进“互联网+义务教育”，健全乡村教师发展体系。对长期在乡村学校任教的教师，职称评审可按规定“定向评价、定向使用”，高级岗位实行总量控制、比例单列，可不受所在学校岗位结构比例限制。落实好乡村教师生活补助政策，加强乡村学校教师周转宿舍建设，按规定将符合条件的乡村教师纳入当地住房保障范围。

89. 如何加强乡村医疗卫生队伍建设？

按照服务人口1‰左右的比例，以县为单位每5年动态调整乡镇卫生院人员编制总量，允许编制在县域内统筹使用，用好用足空余编制。推进乡村基层医疗卫生机构公开招聘，艰苦边远地区县级及基层医疗卫生机构可根据情况适当放宽学历、年龄等招聘条件，对急需紧缺卫生健康专业人才可以采取面试、直接考察等方式公开招聘。乡镇卫生院应至少配备1名公共卫生医师。深入实施全科医生特岗计划、农村订单定向医学生免费培养和助理全科医生培训，支持城市二级及以上医院在职或退休医师到乡村基层医疗卫生机构多点执业，开办乡村诊所，充实乡村卫生健康人才队伍。完善乡村基层卫生健康人才激励机制，落实职称晋升和倾斜政策，优化乡镇医疗卫生机构岗位设置，按照政策合理核定乡村基层医疗卫生机构绩效工资总量和水平。优化乡村基层卫生健康人才能力提升培训项目，加强在岗培训和继续教育。落实乡村医生各项补助，逐步提高乡村医生收入待遇，做好乡村医生参加基本养老保险工作，深入推进乡村全科执业助理医师资格考试，推动乡村医生向执业（助理）医师转化，引导医学专业高校毕业生免试申请乡村医生执业注册。鼓励免费定向培养一批源于本乡本土的大学生乡村医生，多途径培养培训乡村卫生健康工作队伍，改善乡村卫生服务和治理水平。

90. 如何加快培育农业农村高科技领军人才？

国家重大人才工程、人才专项优先支持农业农村领域，推进农业农村科研杰出人才培养，鼓励各地实施农业农村领域“引才计划”，加快培育一批高科技领军人才和团队。加强优秀青年后备人才培养，突出服务基层导向。支持高科技领军人才按照有关政策在国家农业高新技术产业示范区、农业科技园区等落户。

91. 如何加强农业农村科技推广人才队伍建设？

全面推进农业农村科技推广体系改革创新，完善公益性和经营性农业农村科技推广融合发展机制，允许提供增值服务合理取酬。全面实施农业农村科技推广服务特聘计划。深化农业农村科技人员职称制度改革，突出业绩水平和实际贡献，向服务基层一线人才倾斜，实行农业农村科技推广人才差异化分类考核。实施基层农技人员素质提升工程，重点培训年轻骨干农技人员。建立健全农产品质量安全协管员、信息员队伍。鼓励地方对“土专家”“田秀才”“乡创客”发放补贴。开展“寻找最美农技员”活动。引导科研院所、高等学校开展专家服务基层活动，推广“科技小院”等培养模式，派驻研究生深入农村开展实用技术研究和推广服务工作。

92. 如何加强农村法律人才队伍建设？

加强农业综合行政执法人才队伍建设，加大执法人员培训力度，完善工资待遇和职业保障政策，培养通专结合、一专多能执法人才。推动公共法律服务力量下沉，通过招录、聘用、政府购买服务、发展志愿者队伍等方式，充实乡镇司法所公共法律服务人才队伍，加强乡村法律服务人才培训。以村干部、村妇联执委、人民调解员、网格员、村民小组长、退役军人等为重点，加快培育“法律明白人”。培育农村学法用法示范户，构建农业综合行政执法人员与农村学法用法示范户的密切联结机制。提高乡村人民调解员队伍专业化水平，有序推进在农村“五老”人员中选聘人民调解员。完善和落实“一村一法律顾问”制度。

93. 怎样培养乡村本土人才？

全面推进乡村振兴离不开土生土长的乡土人才。要让愿意留在乡村、建设家乡的人留得安心，让那些有号召力的带头人，懂技术的“土专家”“田秀才”，善经营的“新农人”“农创客”，都能在乡村振兴伟业中精彩绽放。

一是要围绕本地农业特色，根据不同产业布局、农户创业需求、人才资源分布情况，制定农村本土人才培养计划。

二是要做到精准定位，分层次、分类别、分步骤，有针对性地对普通种养户、产业大户、科学技术示范户、合作经营带头人等进行能力培训，做到用精细化管理模式培养本土人才，走出梯次式培养农村本土人才的新路子，切实提高农村本土人才的技术水平。

三是要畅通乡村人才职称评定体系。

94. 培养乡村工匠人才、弘扬工匠精神有何重要意义？

工匠精神的基本内涵包括敬业、精益、专注、创新等方面的内容。乡村工匠人才，不局限于传统手工艺人以及狭隘的“工”的范畴，而是一批与农业、乡村相关的“匠人”——能扎根农村，懂农业、爱农村、爱农民的强有力的人才队伍。新时代全面推进乡村振兴是要解决乡村发展的各种问题，要为乡村振兴培育更多具有高职业精神的乡村振兴资源型人才，而工匠精神是培养这些具有高素质人才的主要精神培养项目。

95. 如何培育乡村工匠人才？

挖掘培养乡村手工业者、传统艺人，通过设立名师工作室、大师传习所等，传承发展传统技艺。鼓励高等学校、职业院校开展传统技艺传承人教育。在传统技艺人才聚集地设立工作站，开展研习培训、示范引导、品牌培育。支持鼓励传统技艺人才创办特色企业，带动发展乡村特色手工业。

96. 如何加强乡镇党政人才队伍建设？

选优配强乡镇领导班子特别是乡镇党委书记，健全从乡镇事业人员、优秀村党组织书记、到村任职过的选调生、驻村第一书记、驻村工作队员中选拔乡镇领导干部常态化机制。实行乡镇编制专编专用，明确乡镇新录用公务员在乡镇最低服务年限，规范从乡镇借调工作人员。落实乡镇工作补贴和艰苦边远地区津贴政策，确保乡镇机关工作人员收入高于县直机关同职级人员。落实艰苦边远地区乡镇公务员考录政策，适当降低门槛和开考比例，允许县乡两级拿出一定数量的职位面向高校毕业生、退役军人等具有本地户籍或在本地长期生活工作的人员招考。

97. 如何推动村党组织带头人队伍整体优化提升？

坚持把政治标准放在首位，选拔思想政治素质好、道德品行好、带富能力强、协调能力强，公道正派、廉洁自律，热心为群众服务的党员担任村党组织书记。注重从本村致富能手、外出务工经商返乡人员、本乡本土大学毕业生、退役军人中的党员里培养选拔村党组织书记。对本村暂时没有党组织书记合适人选的，可从上级机关、企事业单位优秀党员干部中选派，有条件的地方也可以探索跨村任职。全面落实村党组织书记县级党委组织部门备案管理制度和村“两委”成员资格联审机制，实行村“两委”成员近亲属回避，净化、优化村干部队伍。加大从优秀村党组织书记中考录乡镇公务员、招聘乡镇事业编制人员力度。县级党委每年至少对村党组织书记培训 1 次，支持村干部和农民参加学历教育。坚持和完善向重点乡村选派驻村第一书记和工作队制度。

98. 如何加强和完善乡村人才培养制度？

加大公费师范生培养力度，实行定向培养，明确基层服务年限，推动特岗计划与公费师范生培养相结合。推动职业院校（含技工院校）建设涉农专业或开设特色工艺班，与基层行政事业单位、用工企业精准对接，定向培养乡村人才。支持中央和国家机关有关部门、地方政府、高等学校、职业院校加强合作，按规定为艰苦地区和基层一线“订单式”培养专业人才。

99. 如何建立各类人才定期服务乡村制度？

建立城市医生、教师、科技、文化等人才定期服务乡村制度，支持和鼓励符合条件的事业单位科研人员按照国家有关规定到乡村和涉农企业创新创业，充分保障其在职称评审、工资福利、社会保障等方面的权益。鼓励地方整合各领域外部人才成立乡村振兴顾问团，支持引导退休专家和干部服务乡村振兴。落实中小学教师晋升高级职称原则上要有1年以上农村基层工作服务经历要求。国家建立医疗卫生人员定期到基层和艰苦边远地区从事医疗卫生工作制度。执业医师晋升为副高级技术职称的，应当有累计1年以上在县级以下或者对口支援的医疗卫生机构提供医疗卫生服务的经历。支持专业技术人才通过项目合作、短期工作、专家服务、兼职等多种形式到基层开展服务活动，在基层时间累计超过半年的视为基层工作经历，作为职称评审、岗位聘用的重要参考。对县乡事业单位专业性强的岗位聘用的高层次人才，可采取协议工资、项目工资、年薪制等灵活多样的分配方式，合理确定薪酬待遇。鼓励地方通过建设人才公寓、发放住房补助，允许返乡入乡人员子女在就业创业地接受学前教育、义务教育，解决好返乡入乡人员的居住和子女入学问题。完善社保关系转移接续机制，为返乡入乡人员及其家属按规定参加城镇职工基本养老保险、基本医疗保险提供便捷服务。

100. 如何打造农民工劳务输出品牌？

实施劳务输出品牌计划，围绕地方特色劳务群体，建立技能培训体系和评价体系，完善创业扶持、品牌培育政策，通过完善行业标准、建设专家工作室、邀请专家授课、举办技能比赛等途径，普遍提升从业者职业技能，提高劳务输出的组织化、专业化、标准化水平，培育一批叫得响的农民工劳务输出品牌。

101. 怎样培养懂农业、爱农村、爱农民的“三农”人才队伍？

提升专业化能力建设。全面推进乡村振兴对农村工作队伍提出了更高要求，特别是对他们在新技术、新成果、新信息的接纳、消化、吸收能力方面要求更加迫切。

拓宽农村选拔吸纳干部人才渠道。坚持以主导产业为依托，加大各类经济合作组织的组建和合作力度，将人才分门别类进行纵横连线，构建农村实用人才网络体系，真正把人才凝聚起来，形成人才队伍优势。要实行分类递进培训，加强产业和人才需求对接，为干部人才队伍“强筋壮骨”“加油充电”。

加大乡土人才培养力度。在优惠政策、技术培训、信息服务、项目申报等方面倾斜支持。强化政治激励、物质奖励、精神鼓励，建立完善农村基层人才吸纳机制，稳定农村基层人才队伍。要开展农村实用人才“传帮带”，提高农村实用人才服务群众的能力和水平。

第四章　文化振兴

102. 如何理解文化振兴的重要意义？

乡村振兴，文化为魂。文化振兴为乡村振兴提供思想保障、精神动力和智力支持，是乡村振兴的灵魂和保障。

文化振兴助力产业兴旺。产业兴旺需要有高素质的人才作为支撑，文化振兴可以提高农民的科技文化水平和生产技能，培养造就有文化、懂技术、会经营的新型农民，为产业兴旺提供智力支持。同时，乡村文化本身就是重要的文化资源，通过对乡村独特文化资源的开发和市场运作，可以形成独具特色的创意农业和特色文化产业，有利于构建农村一二三产业融合发展体系，为实现产业兴旺提供重要支撑。

文化振兴助力生态宜居。实现生态宜居，需要通过宣传教育，培养人们的生态保护意识，形成环境友好型的生产方式和低碳的生活方式，树立尊重自然、顺应自然、保护自然的生态文明价值观，做到与自然和谐相处。实现生态宜居，更需要乡村特色文化的底蕴依托。生态宜居不仅要有良好的生态环境，更要体现深厚的文化底蕴，真正做到“望得见山、看得见水、记得住乡愁”。

文化振兴助力乡风文明。倡导现代文明理念和生活方式，提高农民的思想觉悟、道德水准、文明素养和科学文化素质，提振农民的精气神，促进农民养成良好的思维、生活和行为习惯，形成文明乡风、良好家风、淳朴民风，为实现乡村振兴战略提供强大的精神动力。

文化振兴助力治理有效。自治是乡村治理体系的基础，实现自治，必须加强自治能力建设，培育自治文化，养成自治意识，掌握自治方法，提升农民群众自我管理、自我服务水平。法治是乡村治理体系的保障，实现法治，必须培育村民法治意识、法治理念、法治精神，通过法治宣传教育，增强人们遵法、学法、守法、用法的思想意识和行为自觉，养成运用法治思维和法治方式解决问题、化解矛盾的行为习惯。德治则是乡村治理的支撑，实现德治，必须培育和弘扬社会主义核心价值观，发展社会主义先进乡村文化，塑造与时代要求相适应的新的道德标准，大力倡导移风易俗，用诚信、友善、孝德净化乡村，营造风清气正的淳朴乡风。

文化振兴助力生活富裕。生活富裕不仅体现在物质生活的提升，也体现在精神文化生活的丰富。随着农业的发展，农民的物质生活水平不断提高，农民对物质文化方面的要求也日益增加。文化振兴可以为农民提供丰富的文化产品和文化服务，让农民在精神文化层面有更多的充实感、获得感和幸福感。

103. 如何践行社会主义核心价值观?

坚持教育引导、实践养成、制度保障三管齐下，采取符合农村特点的方式方法和载体，深化中国特色社会主义和中国梦宣传教育，大力弘扬民族精神和时代精神。加强爱国主义、集体主义、社会主义教育，深化民族团结进步教育。注重典型示范，深入实施时代新人培育工程，推出一批新时代农民的先进模范人物。把社会主义核心价值观融入法治建设，推动公正文明执法司法，彰显社会主流价值。强化公共政策价值导向，探索建立重大公共政策道德风险评估和纠偏机制。

104. 如何巩固农村思想文化阵地?

推动基层党组织、基层单位、农村社区有针对性地加强农村群众性思想政治工作。加强对农村社会热点难点问题的应对解读，合理引导社会预期。健全人文关怀和心理疏导机制，培育自尊自信、理性平和、积极向上的农村社会心态。深化文明村镇创建活动，进一步提高县级及以上文明村和文明乡镇的占比。广泛开展星级文明户、文明家庭等群众性精神文明创建活动。深入开展“扫黄打非”进基层。重视发挥社区教育作用，做好家庭教育，传承良好家风家训。完善文化科技卫生“三下乡”长效机制。

105. 如何在乡村倡导诚信道德规范？

深入实施公民道德建设工程，推进社会公德、职业道德、家庭美德、个人品德建设。推进诚信建设，强化农民的社会责任意识、规则意识、集体意识和主人翁意识。建立健全农村信用体系，完善守信激励和失信惩戒机制。弘扬劳动最光荣、劳动者最伟大的观念。弘扬中华孝道，强化孝敬父母、尊敬长辈的社会风尚。广泛开展好媳妇、好儿女、好公婆等评选表彰活动，开展寻找最美乡村教师、医生、村官、人民调解员等活动。深入宣传道德模范、身边好人的典型事迹，建立健全先进模范发挥作用的长效机制。

106. 如何保护利用乡村传统文化？

实施农耕文化传承保护工程，深入挖掘农耕文化中蕴含的优秀思想观念、人文精神、道德规范，充分发挥其在凝聚人心、教化群众、淳化民风中的重要作用。划定乡村建设的历史文化保护线，保护好文物古迹、传统村落、民族村寨、传统建筑、农业遗迹、灌溉工程遗产。传承传统建筑文化，使历史记忆、地域特色、民族特点融入乡村建设与维护。支持农村地区优秀戏曲曲艺、少数民族文化、民间文化等传承发展。完善非物质文化遗产保护制度，实施非物质文化遗产传承发展工程。实施乡村经济社会变迁物证征藏工程，鼓励乡村史志修编。

107. 如何重塑乡村文化生态？

紧密结合特色小镇、美丽乡村建设，深入挖掘乡村特色文化符号，盘活地方和民族特色文化资源，走特色化、差异化发展之路。以形神兼备为导向，保护乡村原有建筑风貌和村落格局，把民族民间文化元素融入乡村建设，深挖历史古韵，弘扬人文之美，重塑诗意闲适的人文环境和田绿草青的居住环境，重现原生田园风光和原本乡情乡愁。引导企业家、文化工作者、退休人员、文化志愿者等投身乡村文化建设，丰富农村文化业态。

108. 如何发展乡村特色文化产业?

加强规划引导、典型示范，挖掘培养乡土文化本土人才，建设一批特色鲜明、优势突出的农耕文化产业展示区，打造一批特色文化产业乡镇、文化产业特色村和文化产业群。大力推动农村地区实施传统工艺振兴计划，培育形成具有民族和地域特色的传统工艺产品，促进传统工艺提高品质、形成品牌、带动就业。积极开发传统节日文化用品和武术、戏曲、舞龙、舞狮、锣鼓等民间艺术、民俗表演项目，促进文化资源与现代消费需求有效对接。推动文化、旅游与其他产业深度融合、创新发展。

109. 如何建立健全乡村公共文化服务体系?

按照有标准、有网络、有内容、有人才的要求，健全乡村公共文化服务体系。推动县级图书馆、文化馆总分馆制，发挥县级公共文化机构辐射作用，加强基层综合性文化服务中心建设，实现乡村两级公共文化服务全覆盖，提升服务效能。完善农村新闻出版广播电视公共服务覆盖体系，推进数字广播电视户户通，探索农村电影放映的新方法新模式，推进农家书屋延伸服务和提质增效。继续实施公共数字文化工程，积极发挥新媒体作用，使农民群众能便捷获取优质数字文化资源。完善乡村公共体育服务体系，推动村健身设施全覆盖。

110. 如何加强乡村公共文化产品和服务供给？

深入推进文化惠民，为农村地区提供更多更好的公共文化产品和服务。建立农民群众文化需求反馈机制，推动政府向社会购买公共文化服务，开展“菜单式”“订单式”服务。加强公共文化服务品牌建设，推动形成具有鲜明特色和社会影响力的农村公共文化服务项目。开展文化结对帮扶。支持“三农”题材文艺创作生产，鼓励文艺工作者推出反映农民生产生活尤其是乡村振兴实践的优秀文艺作品。鼓励各级文艺组织深入农村地区开展惠民演出活动。加强农村科普工作，推动全民阅读进家庭、进农村，提高农民科学文化素养。

111. 如何广泛开展乡村群众文化活动？

完善群众文艺扶持机制，鼓励农村地区自办文化。培育挖掘乡土文化本土人才，支持乡村文化能人。加强基层文化队伍培训，培养一支懂文艺爱农村爱农民、专兼职相结合的农村文化工作队伍。传承和发展民族民间传统体育，广泛开展形式多样的农民群众性体育活动。鼓励开展群众性节日民俗活动，支持文化志愿者深入农村开展丰富多彩的文化志愿服务活动。活跃繁荣农村文化市场，推动农村文化市场转型升级，加强农村文化市场监管。

112. 乡风文明建设有何意义？

作为实施乡村振兴战略全面推进乡村振兴的重要组成部分，乡风文明建设渗透在乡村建设的各个方面，是乡村建设的灵魂所在。乡风文明对建设产业兴旺、生态宜居、治理有效以及生活富裕的乡村具有重要影响，是乡村振兴的重要保障。

培育乡风文明具有重要的现实意义和时代意义。首先，乡村文化建设有利于促进我国社会主义和谐社会建设。通过各种文化惠民举措，丰富乡村文化生活，用科学技术指导农业生产，传承良好家风、民风，提升乡村文明程度，促进平安乡村建设，稳定乡村社会秩序。其次，乡风文明有利于提升我国的文化软实力。我国城乡文化发展差异显著，农村具有优秀的历史文化遗产和文化传承。文化作为一种精神力量，能够凝聚人心、鼓舞人心，提升村民文化水平和全民文化素养。最后，有利于推动农村教育发展。实施农村文化人才培育工程，促进农村素质教育全面发展，为乡村振兴提供智力保障。

113. 怎样建设文明乡村？

各级人民政府应当采取措施丰富农民文化体育生活，倡导科学健康的生产生活方式，发挥村规民约积极作用，普及科学知识，推进移风易俗，破除大操大办、铺张浪费等陈规陋习，提倡孝老爱亲、勤俭节约、诚实守信，促进男女平等，创建文明村镇、文明家庭，培育文明乡风、良好家风、淳朴民风，建设文明乡村。

114. 乡村文化振兴主要着力点是什么？

把农民致富奔小康作为实现文化振兴的原动力。农村基层文化工作要主动适应广大农民“求富、求知、求乐”的综合性文化需求，在重建农民精神世界、满足农民群众娱乐需求的同时，融入更多的科技、法律、市场知识，让农村群众从活动中学到更多的致富本领，从而更好地激发他们在新农村建设中的主动性和创造性。

把特色文化建设作为农村文化振兴的切入点。广大农村有着极其丰富的民间文化资源，有的甚至就“活”在广大农民的日常生活中。利用特色文化开展农村文化活动，使其成为传播先进文化的有效载体，实现农村文化创新，群众最容易接受，也最乐于参与。

以队伍建设推动农村文化振兴。要切实加强对农村文化人员的培训，努力提高他们的业务素质，不断增强其自主创新能力。要加强农民业余文化队伍的建设，充分发挥典型示范作用，吸引越来越多的农民关注农村文化建设、参与农村文化建设。

115. 什么是乡村物态文化？

乡村物态文化是指乡村文化中那些可触知的具有物质实体的事物，是乡村居民长期生活所创造的物质产品、创造方式及其表现的文化，是农村有别于城市的显在表现之一，其文化的异质性强烈吸引着城市人，既包括具体的器物，也包括这些器物的生产工艺和技术。比如村落形态与风貌、乡村聚落、乡村建筑、民间民俗工艺品、民族服饰、生产生活资料、劳动产品等，凝聚着一方乡土的文化追求。

116. 什么是乡村制度文化？

乡村制度文化也称乡村社会文化，是乡村基于自身稳定和关系协调，由正式和非正式制度、规则形成的规范体系。它的内容极其丰富，是乡村地区在长期的历史发展过程中，为维护乡村社会稳定、社会秩序、村民和谐相处而约定俗成的伦理道德及礼仪规范。乡村制度文化属于非物态文化，包括社会法律法规、纪律制度、道德准则、社会约定等。

117. 什么是乡村行为文化？

乡村行为文化是乡村社会成员在日常生产生活中慢慢衍生出来的风俗习惯，大致包括了民风民俗、生活习惯、传统文艺表演、传统节日、民间杂技等。如果说乡村物态文化有利于促进乡村产业兴旺，那么乡村行为文化，因其比外来艺术形式有群众基础，而更有利于促进乡村产业兴旺。因此，乡村行为文化是聚集乡村人气、树文明乡风的一大法宝。

118. 什么是乡村精神文化？

乡村精神文化是指乡村作为一个稳定的共同体所具有的共同的心理结构与情感反应模式，通常表现为乡村居民的人生观、价值观等。它潜存于物质文化里，是隐性的，只有通过长期的体验才能领悟，是乡村社会成员在生产生活中逐渐建立起来的价值观念，包括家族文化、宗教文化、乡村审美、孝道文化等。

119. 如何提升乡村文化的经济变现能力？

提升乡村文化的经济变现能力主要涉及乡村文化产业的发展。乡村文化的兴盛之路在提升乡村文化的经济变现能力层面上，应当探索一种“生态—观光—人文—体验”为一体的乡村文化保护、利用的模式，利用古村落、科技农业、田园风光、农业生产景观、绿色生态资源等要素，形成集人文、生态为一体的产业发展方向。而乡村产业的选择应与乡村文化密切相连，并通过产业提升乡村文化的经济变现能力，为乡村社会成员创造以文化为基础的经济收入。

120. 如何弘扬和发展乡村优秀传统文化？

乡村优秀传统文化是中华文明的重要组成部分，是中华民族智慧的结晶，是不可复制和替代的宝贵资源。乡村文化是维系乡村各种关系的纽带，是乡村治理经验和智慧的宝库。弘扬和发展乡村优秀传统文化对全面推进乡村振兴具有重要意义。立足乡村独特的传统文化和民族文化底蕴，吸取城市文明及外来文化优秀成果，在保护传承的基础上，创造性转化、创新性发展，让有形的乡村文化留得住，让活态的乡土文化传下去，不断赋予乡村优秀传统文化新时代内涵，不断丰富表现形式，为增强文化自信提供优质载体，为全面推进乡村振兴提供强大的精神助力。

121. 怎样实施农耕文化传承保护工程?

建立农耕文化传承保护名录；建立农耕文化的传承基地（园）；编撰村志；建设民族传统文化生态保护区，开展整体性保护，实行原生态保护，开展生产性保护，实现文化与产业融合；一批文艺家植根于农耕文化土壤，创作一批反映农耕文化和民族风情的代表性文艺作品；组织好活态性保护工作，投入一定的经费，采取抢救、修复、加固等措施，保护好即将消失的特色民居，开展好实物性保护。

122. 如何开展文明村镇创建活动?

深化文明村镇创建活动，进一步提高县级及以上文明村和乡镇的占比。持续推进“美丽乡村·文明家园”示范村建设，做到百村示范、千村达标、万村治理，以“科学统筹、注重质量、从容建设、稳步推进”的原则深化文明村镇创建活动。

持续开展“一墙两榜三活动”（建立一个文化墙，建立善行义举榜、好人榜，开展创建文明家庭、移风易俗、新乡贤文化活动），弘扬中华孝道，强化孝敬父母、尊敬长辈的社会风尚。

重视做好家庭教育，传承良好家风家训，深入开展文明家庭、五好家庭、星级文明户等活动，形成爱国爱家、相亲相爱、崇德向善、共建共享的社会主义家庭文明新风尚。

完善文化科技卫生“三下乡”长效机制。

123. 如何推动公民道德建设？

要把社会公德、职业道德、家庭美德、个人品德建设作为着力点。推动践行以文明礼貌、助人为乐、爱护公物、保护环境、遵纪守法为主要内容的社会公德，鼓励人们在社会上做一个好公民；推动践行以爱岗敬业、诚实守信、办事公道、热情服务、奉献社会为主要内容的职业道德，鼓励人们在工作中做一个好建设者；推动践行以尊老爱幼、男女平等、夫妻和睦、勤俭持家、邻里互助为主要内容的家庭美德，鼓励人们在家庭里做一个好成员；推动践行以爱国奉献、明礼遵规、勤劳善良、宽厚正直、自强自律为主要内容的个人品德，鼓励人们在日常生活中养成好品行。

124. 如何推动移风易俗，建设文明乡风？

提倡喜事新办、厚养薄葬、节俭养德、文明理事的社会新风，遏制红白事大操大办，反对铺张浪费陋习，践行社会主义核心价值观。

按照文明节俭操办婚丧喜庆事宜的“五提倡、五反对”要求，即提倡婚事新办、反对高额彩礼，提倡勤俭节约、反对大操大办，提倡崇尚科学、反对邪教迷信，提倡健康娱乐、反对涉黄赌毒，提倡邻里友善、反对拉帮结派，推进文明乡风建设。

推进移风易俗、建设文明乡风，应重点发挥村民自治作用，提高群众参与度；加强宣传教育，强化价值认同；加强典型示范，注重实践养成；加强制度保障，实施有效管理；推动工作创新，发挥群众创造性。

125. 如何开展乡村群众文体活动？

各级人民政府应当健全完善乡村公共文化体育设施网络和服务运行机制，鼓励开展形式多样的农民群众性文化体育、节日民俗等活动，充分利用广播电视、视听网络和书籍报刊，拓展乡村文化服务渠道，提供便利可及的公共文化服务。

各级人民政府应当支持农业农村农民题材文艺创作，鼓励制作反映农民生产生活和乡村振兴实践的优秀文艺作品。

126. 怎样加强农业文化遗产和非物质文化遗产保护？

各级人民政府应当采取措施保护农业文化遗产和非物质文化遗产，挖掘优秀农业文化深厚内涵，弘扬红色文化，传承和发展优秀传统文化。

县级以上地方人民政府应当加强对历史文化名镇名村、传统村落和乡村风貌、少数民族特色村寨的保护，开展保护状况监测和评估，采取措施防御和减轻火灾、洪水、地震等灾害。

127. 如何活跃农村文化市场？

县级以上地方人民政府应当坚持规划引导、典型示范，有计划地建设特色鲜明、优势突出的农业文化展示区、文化产业特色村落，发展乡村特色文化体育产业，推动乡村地区传统工艺振兴，积极推动智慧广电乡村建设，活跃繁荣农村文化市场。

128. 如何加强传统村落传承及保护？

做好传统村落调查工作，建立传统村落名录制度，对传统村落的保护状况和规划实施进行跟踪监测，并实行分级管理，促进传统村落的保护、传承和利用。

制定出台《传统村落保护发展管理办法》，实施传统村落保护工程，加大对古镇、古村落、古建筑、农业遗迹等物质文化遗产的保护力度，坚持保护中发展、发展中保护的原则，将传统村落保护与开展农村危房改造、实施乡村清洁工程、发展特色产业、保护生态环境有机结合，积极推进文化遗产的合理适度利用，探索传统村落遗产保护与文化传承新业态、新模式、新路径。

129. 如何留住乡村文化传承载体？

紧密结合特色小镇、美丽乡村建设，深入挖掘乡村特色文化符号，盘活地方和民族特色文化资源，保护传承各具特色的民居、民宿原生形态，使特色化、差异化的优秀乡土文化得到传播、传递、传达和传承。

要留住乡愁，保留乡村的“原汁原味”，保留乡村特色的风格风貌，保持乡村风格的多姿多彩。

要进一步恢复、完善公共空间建设，包括古老的庙宇、祠堂、戏台等传承中华民族精神的空间，传统的婚丧礼仪、庙会活动、节日表演等传承中华民族精神的形式和媒介。

要留住乡村文化传承的“活体”，乡村文化和精神走向要得以延存，关键在于农民。要让外出打工的农民回归乡村，让领略美丽乡村风采的城里人自己体验、赏读、驻足乡村，让自然与人文各美其美，美美与共，让居住在农村的人充满幸福感和自豪感。以形神兼备为导向，注重保持村庄赖以生存发展的整体空间形态，注重保护历史文化资源和传统建筑，注重传承民风民俗和生产生活方式，努力保持村庄的完整性、真实性和延续性，留住乡土气息，焕发乡村魅力。

第五章　生态振兴

130. 如何理解乡村生态振兴的重要意义？

乡村生态环境是农业生产和新农村建设发展的基础性条件，是广大农民赖以生存的生产生活环境。良好的生态环境必然会成为农村的最大优势和宝贵财富。保护和改善农村生态环境，优化农民的生活环境，建设家园美、田园美、生态美、生活美的美丽宜居乡村，对真正实现繁荣农村经济和建设美丽乡村具有极其重要的现实意义。

第一，生态振兴是实现人与自然和谐共生的内在要求。人类发展，经历了从依附自然到利用自然，再到人与自然和谐共生的过程。人因自然而生，人与自然是一种共生关系，对自然的伤害最终会伤及人类自身。对于生态环境破坏日益严重的农村来说，只有守得住自然的绿水青山，才能实现人的美好生活。建设生态宜居乡村，就是要推动乡村的绿色发展，在尊重自然、顺应自然、保护自然的基础上加快自然资本的增值，实现百姓富、生态美的统一。

第二，生态振兴是全面建设社会主义现代化国家的必然选择。社会主义现代化是人与自然和谐共生的现代化，既要创造更多物质财富和精神财富以满足人民日益增长的美好生活需要，也要提供更多优质生态产品以满足人民日益增长的优美生态环境需要。党的二十大报告提出全面推进乡村振兴战略，就是要通过采取强有力的举措，切实改变农业农村落后面貌，补齐农村这块全面建设小康社会的短板。

第三，生态振兴是推进美丽中国建设的必然要求。要建设美丽中国，就必须坚持山水林田湖草沙一体化保护和系统治理，深入推进环境污染防治，持续深入打好蓝天、碧水、净土保卫战。提升生态系统多样性、稳定性、持续性，加快实施重要生态系统保护和修复重大工程，实施生物多样性保护重大工程，推行草原森林河流湖泊湿地休养生息。

第四，生态振兴是深化农业供给侧结构性改革，实现高质量发展的重要内容。推进农业供给侧结构性改革，促进农业农村发展由过度依赖资源消耗来满足量的需求，向追求绿色生态可持续注重满足质的需求转变，有赖于农村环境的彻底改善。目前,农村的定位正在发生变化,不仅提供农副产品，而且要提供生态产品，并使之商品化。农村环境的改善本身就提供了新的产品，构成了供给侧结构性改革的一部分。

131. 如何理解“绿水青山就是金山银山”这一生态理念?

习近平总书记指出:“我们既要绿水青山,也要金山银山。宁要绿水青山,不要金山银山,而且绿水青山就是金山银山。”这段话高度浓缩而又精准地概括出了“绿水青山就是金山银山”这一生态文明新理念的深刻内涵,也高屋建瓴地指明了我们今后的发展方向与价值次序,坚定了生态文明建设与生态文明发展的信心。

“绿水青山就是金山银山”,是一个影响深远的生态文明新理念,这一生态文明新理念既高瞻远瞩,又切实可行,不仅成为我国“五位一体”总体布局和“四个全面”战略布局的重要内容,更在世界范围内产生广泛影响与共鸣,为促进世界环境保护理念与行动的提升做出了卓越的贡献。

当前,我国社会主要矛盾已经转化为人民日益增长的美好生活需要和不平衡不充分的发展之间的矛盾。对美好生活的向往,既包括物质生产力和经济效益之间均衡充分的发展、个人物质财富的增长,也包括对美丽和谐的人居环境、生产生活环境的期许。“绿水青山就是金山银山”理念秉承经济发展与生态环境保护相互支撑、互融互促的思维方式,倡导通过发展绿色经济、循环经济、低碳经济助推产业结构优化升级,在转变经济发展方式、推动经济持续发展的同时给人民群众创造更为优越的生活品质。践行这一理念，将在不断推动解决新时代我国社会主要矛盾中实现经济发展与生态环境保护共进共赢，为实现人的全面发展创造必要条件。

“绿水青山就是金山银山”理念是重要的发展理念，也是推进现代化建设的重大原则，为人民群众正确认识和改造自然、建设社会主义生态文明提供理论指引。认真贯彻践行这一理念，不仅有助于创造良好生产、生活环境，更能以绿色生产生活方式突破制约经济社会发展和人民生活水平的环保瓶颈，助推经济结构优化转型。“绿水青山就是金山银山”理念侧重于向人文指标、资源指标、环境指标等社会发展的基本价值维度延展，助力实现经济结构更优、生态环境更好、生活质量更高。这一理念将为建设美丽中国，实现社会主义现代化强国宏伟目标提供源源不绝的内在动力，从而助力开创新时代中国特色社会主义事业新局面。

“绿水青山就是金山银山”理念坚持以人民为中心，是从根源上化解生态环境危机的新理念。在这一理念中，生态系统获得了相对独立的意义,经济体系与生态体系不再是“主—客”的两分与对立，而是相互促进的统一体。这一理念丰富和拓展了处理世界经济发展与生态环境保护关系的思想和战略，为广大发展中国家破解经济发展中的生态环境难题提供了有益的理论借鉴和经验示范，也为推动全球生态治理、化解全球生态危机、维护全球生态安全、构建人与自然和谐共处、清洁美丽的世界贡献了中国智慧和中国方案。

132. 如何理解生态宜居?

所谓生态宜居，就是要适应生态文明建设要求，因地制宜发展绿色农业，搞好农村人居环境综合整治，尽快改变污水乱排、垃圾乱扔、秸秆乱烧的脏乱差状况，大力改善水、电、路、气、房、信等基础设施，统筹山、水、林、田、湖、草保护建设，保护好绿水青山和清新清净的田园风光，促进农村生产、生活、生态协调发展。

133. 怎样建设田园生态系统?

保护和维持田园生态系统的完整性和农田生物多样性。注重保护和开发农业的多功能性。开展乡村地区生物多样性调查，划定保护区域。构建田园生态系统建设的长效机制。

134. 怎样认识农业清洁生产?

农业清洁生产是指应用生物学、生态学、经济学、环境科学、农业科学、系统工程学的理论，运用生态系统的物种共生和物质循环再生等原理，结合系统工程方法所设计的多层次的农业生产管理方式。它贯穿整个农业生产活动的产前、产中、产后过程。通过实施基本农田建设、庭院生态经济开发、农业废弃物综合利用、农业污染控制等工程，推广适用的生态农业技术模式，建立无公害农产品生产基地，创绿色食品品牌，来实现农业清洁生产。

135. 如何推动农业绿色发展？

推动农业绿色发展是新发展理念在农业农村现代化进程中的具体体现，是农业发展新阶段的现实选择，是推进农业国际化的客观需要，是实施乡村振兴战略的重要引领，是落实乡村振兴战略的关键举措。

一是构建绿色农业产业结构。全面推进乡村振兴，推动产业兴旺是重点。必须牢固树立和践行“绿水青山就是金山银山”的理念，坚持绿色兴农，以农业供给侧结构性改革为主线，加快构建节约资源和保护环境的乡村产业结构，既要产业生态化，也要生态产业化，让“绿水青山”真正变成“金山银山”。

二是强化农业资源保护和利用。农业资源环境是确保国家粮食安全和主要农产品有效供给的物质基础，也是农产品质量安全的源头保障。当前，我国农业资源环境形势面临诸多严峻挑战，必须从加强生态文明建设的战略高度出发，努力推动农业资源环境保护利用工作不断上新台阶。

三是推进农业清洁生产。农业清洁生产是农业发展的一种新模式，其目的是通过生产和使用清洁能源和原料，改善管理和监控体系，减少农产品生产过程中的各种污染，以满足农业生产的需要。如果将循环理念融入农业生产方面，实现“资源—产品—废弃物—再生资源”循环利用，就可以从源头上减少农业污染，形成投入品减量化、生产清洁化、废弃物资源化、产业模式生态化，从而实现绿色生产与生态环保的良性互动。

136. 如何强化资源保护与节约利用？

实施国家农业节水行动，建设节水型乡村。深入推进农业灌溉用水总量控制和定额管理，建立健全农业节水长效机制和政策体系。逐步明晰农业水权，推进农业水价综合改革，建立精准补贴和节水奖励机制。严格控制未利用地开垦，落实和完善耕地占补平衡制度。实施农用地分类管理，切实加大优先保护类耕地保护力度。降低耕地开发利用强度，扩大轮作休耕制度试点，制定轮作休耕规划。全面普查动植物种质资源，推进种质资源收集保存、鉴定和利用。强化渔业资源管控与养护，实施海洋渔业资源总量管理、海洋渔船“双控”和休禁渔制度，科学划定江河湖海限捕、禁捕区域，建设水生生物保护区、海洋牧场。

137. 如何集中治理农业环境突出问题?

深入实施土壤污染防治行动计划，开展土壤污染状况详查，积极推进重金属污染耕地等受污染耕地分类管理和安全利用，有序推进治理与修复。加强重有色金属矿区污染综合整治。加强农业面源污染综合防治。加大地下水超采治理，控制地下水漏斗区、地表水过度利用区用水总量。严格工业和城镇污染处理、达标排放，建立监测体系，强化经常性执法监管制度建设，推动环境监测、执法向农村延伸，严禁未经达标处理的城镇污水和其他污染物进入农业农村。

138. 如何加大乡村生态系统保护力度?

乡村生态系统是一个以自然为主的半人工生态系统，兼有生产、生活、生态和文化四大功能，是人类社会生存、生产和发展的基础。因此，乡村生态振兴，必须树立生态保护意识，加大乡村生态保护力度。

一要加强农产品产地环境保护。首先应加强污染源头治理，严格执行环境标准，控制重金属污染物进入农田，同时要加强灌溉水质管理，严禁工业和城市污水直接灌溉农田。

其次要开展耕地土壤污染状况详查，实施风险区加密调查、农产品协调监测，进一步摸清污染状况，明确防治重点。最后应分区域、分作物品种建立受污染耕地安全试点，合理利用被轻度污染的耕地，采用水肥调控、土壤调理和品种替代等安全利用措施，推进受污染地安全利用。严格管控重度污染耕地，禁止农产品生产，实施种植结构调整和退耕还林还草。

二要加强黄河流域生态保护。抢抓政策机遇，统筹推进黄河流域的乡村振兴。由于历史、自然条件等原因，黄河流域经济社会发展相对滞后，特别是上中游地区和下游滩区是我国贫困人口相对集中的区域。解决好流域居民特别是少数民族群众关心的防洪安全、饮水安全、生态安全等问题。要坚持山水林田湖草综合治理、系统治理、源头治理，统筹推进乡村振兴，加强协同配合，推动黄河流域高质量发展。要树立“绿水青山就是金山银山”的理念，坚持生态优先、绿色发展，以水而定、量水而行，因地制宜、分类施策，上下游、干支流、左右岸统筹谋划，共同抓好大保护、协同推进大治理，着力加强生态保护治理，保障黄河长治久安，促进全流域高质量发展，改善人民群众生活，保护传承弘扬黄河文化，让黄河成为造福人民的幸福河、助推乡村振兴的新动能。

三要推动农业资源养护。耕地、淡水和农业生物资源是农业发展的基础，加强农业资源养护是实现农业可持续发展、农业生态振兴的关键。一是加快发展节水农业，统筹推进高标准节水农业示范区建设，推广节水品种，推广喷灌滴灌、水肥一体化等旱作农业技术。二是加强耕地质量保护与提升。全面提升耕地质量，加强农田水利基本建设，加强旱涝保收、高产稳产高标准农田建设。以任务精准落实到户、补助资金精准发放到户为重点，完善轮作休耕制度。三是强化农业生物资源保护。加强水生野生动植物栖息地和水产种质资源保护区建设，大力实施增殖放流，完善休渔禁渔制度，合理布局水产养殖空间，深入推进绿色健康养殖，严厉清理整治“绝户网”。加强种质资源收集与保护，防范外来生物入侵。

四要严守生态保护红线。在重点生态功能区、生态环境敏感区和脆弱区等区域划定生态保护红线，充分发挥生态保护红线空间管控的基础作用，严格落实生态保护红线管控要求，将生态保护红线作为政府宏观调控、产业空间准入的重要抓手，确保红线区生态功能不降低、面积不减少、性质不转换，构建绿色生态屏障。

139. 如何推进乡村生态系统修复治理？

生态修复主要是指利用生态工程学或生态平衡、物质循环的原理和方法，改善受污染、受破坏的生态系统。

第一，统筹山水林田湖系统治理。生态是统一的自然系统，是各种自然要素相互依存而实现循环的自然链条。人的命脉在田，田的命脉在水，水的命脉在山，山的命脉在土，土的命脉在树。坚持自然保护优先、自然恢复为主，按照自然生态的整体性、系统性及其内在规律，统筹考虑自然生态各要素以及陆地海洋、山地平原、上中下游、地上地下，进行整体保护、系统修复和综合治理，尽快提升其生态功能，维护生态平衡和持久生产力，给子孙后代留下天蓝、地绿、水净的美好家园。

第二，建设健康稳定的田园生态系统。田园生态系统是乡村整个生态系统的重要组成。加强对耕地、草原、渔业水域、湿地的管控力度，严控围湖造田、滥垦滥占草原等不合理开发建设活动对生态资源环境的破坏。开展农业资源休养生息，探索与现代农业相适应的田园生态系统保护与修复模式，因地制宜制定禁止和限制发展产业目录，推动农、林、牧融合发展，明确产业发展方向和开发强度，促进田园生态系统内中间产品和废弃物的交换和连接，构建生态循环的田园生产体系，着力打造农产品供给保障有力、资源利用高效、产地环境良好、生态系统稳定、田园风光优美的农业可持续发展新格局，提升生态系统健康与永续发展水平，提高生态系统生态产品供给能力，不断满足人民日益增长的优美生态环境需要。

第三，健全重要生态系统保护制度。完善天然林和公益林保护制度，进一步细化各类森林和林地的管控措施或经营制度。完善草原生态监管和定期调查制度，严格实施草原禁牧和草畜平衡制度，全面落实草原经营者生态保护主体责任。完善荒漠生态保护制度，加强沙区天然植被和绿洲保护。全面推行河长制、湖长制，鼓励将河长、湖长体系延伸至村一级。推进河湖饮用水水源保护区划定和立界工作，加强对水源涵养区、蓄洪滞涝区、滨河滨湖带的保护。严格落实自然保护区、风景名胜区、地质遗迹等各类保护地保护制度，支持有条件的地方结合国家公园体制试点，探索对居住在核心区域的农牧民实施生态搬迁试点。

第四，健全生态保护补偿机制。加大重点生态功能区转移支付力度，建立省以下生态保护补偿资金投入机制。完善重点领域生态保护补偿机制，鼓励地方因地制宜探索通过赎买、租赁、置换、协议、混合所有制等方式加强重点区位森林保护，落实草原生态保护补助奖励政策，建立长江流域重点水域禁捕补偿制度，鼓励各地建立流域上下游等横向补偿机制。推动市场化、多元化生态补偿，建立健全用水权、排污权、碳排放权交易制度，形成森林、草原、湿地等生态修复工程参与碳汇交易的有效途径，探索实物补偿、服务补偿、设施补偿、对口支援、干部支持、共建园区、飞地经济等方式，提高补偿的针对性。

140. 如何健全生态保护补偿机制？

加大重点生态功能区转移支付力度，建立省以下生态保护补偿资金投入机制。完善重点领域生态保护补偿机制，鼓励地方因地制宜探索通过赎买、租赁、置换、协议、混合所有制等方式加强重点区位森林保护，落实草原生态保护补助奖励政策，建立长江流域重点水域禁捕补偿制度，鼓励各地建立流域上下游等横向补偿机制。推动市场化多元化生态补偿，建立健全用水权、排污权、碳排放权交易制度，形成森林、草原、湿地等生态修复工程参与碳汇交易的有效途径，探索实物补偿、服务补偿、设施补偿、对口支援、干部支持、共建园区、飞地经济等方式，提高补偿的针对性。

141. 如何使自然资源多重效益最大化？

大力发展生态旅游、生态种养等产业，打造乡村生态产业链。进一步盘活森林、草原、湿地等自然资源，允许集体经济组织灵活利用现有生产服务设施用地开展相关经营活动。鼓励各类社会主体参与生态保护修复，对集中连片开展生态修复达到一定规模的经营主体，允许在符合土地管理法律法规和土地利用总体规划、依法办理建设用地审批手续、坚持节约集约用地的前提下，利用1%～3%治理面积从事旅游、康养、体育、设施农业等产业开发。深化集体林权制度改革，全面开展森林经营方案编制工作，扩大商品林经营自主权，鼓励多种形式的适度规模经营，支持开展林权收储担保服务。完善生态资源管护机制，设立生态管护员工作岗位，鼓励当地群众参与生态管护和管理服务。进一步健全自然资源有偿使用制度，研究探索生态资源价值评估方法并开展试点。

142. 如何调动社会力量积极参与农村人居环境整治?

鼓励各类企业积极参与农村人居环境整治项目。规范推广政府和社会资本合作（PPP）模式，通过特许经营等方式吸引社会资本参与农村垃圾污水处理项目。引导有条件的地区将农村环境基础设施建设与特色产业、休闲农业、乡村旅游等有机结合，实现农村产业融合发展与人居环境改善互促互进。引导相关部门、社会组织、个人通过捐资捐物、结对帮扶等形式，支持农村人居环境设施建设和运行管护。倡导新乡贤文化，以乡情乡愁为纽带吸引和凝聚各方人士支持农村人居环境整治。

143. 如何发挥村民在人居环境整治中的主体作用?

发挥基层组织作用。发挥好基层党组织核心作用，强化党员意识、标杆意识，带领农民群众推进移风易俗、改进生活方式、提高生活质量。健全村民自治机制，充分运用“一事一议”民主决策机制，完善农村人居环境整治项目公示制度，保障村民权益。鼓励农村集体经济组织通过依法盘活集体经营性建设用地、空闲农房及宅基地等途径，多渠道筹措资金用于农村人居环境整治，营造清洁有序、健康宜居的生产生活环境。

建立完善村规民约。将农村环境卫生、古树名木保护等要求纳入村规民约，通过群众评议等方式褒扬乡村新风，鼓励成立农村环保合作社，深化农民自我教育、自我管理。明确农民维护公共环境责任，庭院内部、房前屋后环境整治由农户自己负责；村内公共空间整治以村民自治组织或村集体经济组织为主，主要由农民投工投劳解决，鼓励农民和村集体经济组织全程参与农村环境整治规划、建设、运营、管理。

提高农村文明健康意识。把培育文明健康生活方式作为培育和践行社会主义核心价值观、开展农村精神文明建设的重要内容。发挥爱国卫生运动委员会等组织作用，鼓励群众讲卫生、树新风、除陋习，摒弃乱扔、乱吐、乱贴等不文明行为。提高群众文明卫生意识，营造和谐、文明的社会新风尚，使优美的生活环境、文明的生活方式成为农民内在自觉要求。

144. 如何推进农村生活垃圾分类减量与利用?

加快推进农村生活垃圾源头分类减量，积极探索符合农村特点和农民习惯、简便易行的分类处理模式，减少垃圾出村处理量，有条件的地区基本实现农村可回收垃圾资源化利用、易腐烂垃圾和煤渣灰土就地就近消纳、有毒有害垃圾单独收集贮存和处置、其他垃圾无害化处理。有序开展农村生活垃圾分类与资源化利用示范县创建。协同推进农村有机生活垃圾、厕所粪污、农业生产有机废弃物资源化处理利用，以乡镇或行政村为单位建设一批区域农村有机废弃物综合处置利用设施，探索就地就近就农处理和资源化利用的路径。扩大供销合作社等农村再生资源回收利用网络服务覆盖面，积极推动再生资源回收利用网络与环卫清运网络合作融合。协同推进废旧农膜、农药肥料包装废弃物回收处理。积极探索农村建筑垃圾等就地就近消纳方式，鼓励用于村内道路、入户路、景观等建设。

145. 如何提升村容村貌?

科学规划村庄建筑布局，大力提升农房设计水平，突出乡土特色和地域民族特点。加快推进通村组道路、入户道路建设，基本解决村内道路泥泞、村民出行不便等问题。全面推进乡村绿化，建设具有乡村特色的绿化景观。完善村庄公共照明设施。整治公共空间和庭院环境，消除私搭乱建、乱堆乱放。继续推进城乡环境卫生整洁行动，加大卫生乡镇创建工作力度。鼓励具备条件的地区集中连片建设生态宜居的美丽乡村，综合提升田水路林村风貌，促进村庄形态与自然环境相得益彰。

146. 如何加强农村住房建设管理和服务？

国家建立健全农村住房建设质量安全管理制度和相关技术标准体系，建立农村低收入群体安全住房保障机制。建设农村住房应当避让灾害易发区域，符合抗震、防洪等基本安全要求。

县级以上地方人民政府应当加强农村住房建设管理和服务，强化新建农村住房规划管控，严格禁止违法占用耕地建房；鼓励农村住房设计体现地域、民族和乡土特色，鼓励农村住房建设采用新型建造技术和绿色建材，引导农民建设功能现代、结构安全、成本经济、绿色环保、与乡村环境相协调的宜居住房。

147. 如何对农业投入品实行严格管理？

国家对农业投入品实行严格管理，对剧毒、高毒、高残留的农药、兽药采取禁用限用措施。农产品生产经营者不得使用国家禁用的农药、兽药或者其他有毒有害物质，不得违反农产品质量安全标准和国家有关规定超剂量、超范围使用农药、兽药、肥料、饲料添加剂等农业投入品。

148. 如何保护和修复耕地、草原、森林、河流、湖泊?

国家实行耕地养护、修复、休耕和草原森林河流湖泊休养生息制度。县级以上人民政府及其有关部门依法划定江河湖海限捕、禁捕的时间和区域，并可以根据地下水超采情况，划定禁止、限制开采地下水区域。

禁止违法将污染环境、破坏生态的产业、企业向农村转移。禁止违法将城镇垃圾、工业固体废物、未经达标处理的城镇污水等向农业农村转移。禁止向农用地排放重金属或者其他有毒有害物质含量超标的污水、污泥，以及可能造成土壤污染的清淤底泥、尾矿、矿渣等；禁止将有毒有害废物用作肥料或者用于造田和土地复垦。

地方各级人民政府及其有关部门应当采取措施，推进废旧农膜和农药等农业投入品包装废弃物回收处理，推进农作物秸秆、畜禽粪污的资源化利用，严格控制河流湖库、近岸海域投饵网箱养殖。

第六章　组织振兴

149. 如何理解组织振兴的重要意义？

组织振兴是全面推进乡村振兴的根本保障条件。乡村组织振兴，就是要培养造就一批坚强的农村基层党组织和优秀的农村基层党组织书记，就是要深化村民自治实践，发展农民合作经济组织，建立健全党委领导、政府负责、社会协同、公众参与、法治保障的现代乡村社会治理体制。

农村要发展，组织是关键，组织兴，则乡村兴；组织强，则乡村强。在乡村振兴中，各级各类组织是振兴的保障条件，只有把保障条件抓好了，乡村振兴才有坚实的基础和坚强后盾，基层组织的领导力、凝聚力、战斗力才会增强，广大基层党员和群众的力量和智慧才能凝聚起来，乡村振兴才能扎实向前推进。

要保证乡村振兴战略有效实施，实现“农业强、农村美、农民富”的发展目标，必须着力推进组织振兴，以提升组织力为重点，突出政治功能，建强基层战斗堡垒。

150. 如何加强农村基层组织的全面领导作用？

中国共产党农村基层组织，按照中国共产党章程和有关规定发挥全面领导作用。村民委员会、农村集体经济组织等应当在乡镇党委和村党组织的领导下，实行村民自治，发展集体所有制经济，维护农民合法权益，并应当接受村民监督。

151. 如何健全以党组织为核心的组织体系？

坚持农村基层党组织领导核心地位，大力推进村党组织书记通过法定程序担任村民委员会主任和集体经济组织、农民合作组织负责人，推行村“两委”班子成员交叉任职；提倡由非村民委员会成员的村党组织班子成员或党员担任村务监督委员会主任；村民委员会成员、村民代表中党员应当占一定比例。在以建制村为基本单元设置党组织的基础上，创新党组织设置。推动农村基层党组织和党员在乡村振兴中提高威信、提升影响。加强农村新型经济组织和社会组织的党建工作，引导其始终坚持为农民服务的正确方向。

152. 村党组织的主要职责是什么？

（一）宣传和贯彻执行党的路线方针政策和党中央、上级党组织及本村党员大会（党员代表大会）的决议。

（二）讨论和决定本村经济建设、政治建设、文化建设、社会建设、生态文明建设和党的建设以及乡村振兴中的重要问题并及时向乡镇党委报告。需由村民委员会提请村民会议、村民代表会议决定的事情或者集体经济组织决定的重要事项，经村党组织研究讨论后，由村民会议、村民代表会议或者集体经济组织依照法律和有关规定做出决定。

（三）领导和推进村级民主选举、民主决策、民主管理、民主监督，推进农村基层协商，支持和保障村民依法开展自治活动。领导村民委员会以及村务监督委员会、村集体经济组织、群团组织和其他经济组织、社会组织，加强指导和规范，支持和保证这些组织依照国家法律法规以及各自章程履行职责。

（四）加强村党组织自身建设，严格组织生活，对党员进行教育、管理、监督和服务。负责对要求入党的积极分子进行教育和培养，做好发展党员工作。维护和执行党的纪律。加强对村、组干部和经济组织、社会组织负责人的教育、管理和监督，培养村级后备力量。做好本村招才引智等工作。

（五）组织群众、宣传群众、凝聚群众、服务群众，经常了解群众的批评和意见，维护群众正当权利和利益，加强对群众的教育引导，做好群众思想政治工作。

（六）领导本村的社会治理，做好本村的社会主义精神文明建设、法治宣传教育、社会治安综合治理、生态环保、美丽村庄建设、民生保障、脱贫致富、民族宗教等工作。

153. 如何加强农村基层党组织领导班子建设？

村党组织领导班子应当由思想政治素质好、道德品行好、带富能力强、协调能力强，公道正派、廉洁自律，热心为群众服务的党员组成。村党组织书记还应当具备一定的政策水平，坚持依法办事，善于做群众工作，甘于奉献、敢闯敢拼。

村党组织书记应当注重从本村致富能手、外出务工经商返乡人员、本乡本土大学毕业生、退役军人中的党员培养选拔。每个村应当储备村级后备力量。

154. 如何加强农村基层干部队伍作风建设？

坚持实事求是，不准虚假浮夸；坚持依法办事，不准违法乱纪；坚持艰苦奋斗，不准奢侈浪费；坚持说服教育，不准强迫命令；坚持廉洁奉公，不准以权谋私。坚决反对形式主义、官僚主义、享乐主义和奢靡之风。

严格农村基层干部管理监督，坚决纠正损害群众利益行为，严厉整治群众身边腐败问题。

155. 如何加强农村党员队伍建设？

加强农村党员教育、管理、监督，教育引导广大党员自觉用习近平新时代中国特色社会主义思想武装头脑。严格党的组织生活，全面落实“三会一课”、主题党日、谈心谈话、民主评议党员、党员联系农户等制度。加强农村流动党员管理。注重发挥无职党员作用。扩大党内基层民主，推进党务公开。加强党内激励关怀帮扶，定期走访慰问农村老党员、生活困难党员，帮助解决实际困难。稳妥有序开展不合格党员组织处置工作。加大在青年农民、外出务工人员、妇女中发展党员力度。

156. 如何加强和改进流动党员教育管理？

党的农村基层组织应当加强和改进流动党员教育管理。流入地党组织应当及时将外来党员编入党的支部和小组，组织他们参加组织生活和党的活动。流出地党组织应当加强对外出党员的经常联系，可以在外出党员相对集中的地方建立流动党员党组织。

流动党员每半年至少向流出地党组织汇报1次在外情况。

157. 如何强化农村基层党组织建设责任与保障？

推动全面从严治党向纵深发展、向基层延伸，严格落实各级党委尤其是县级党委主体责任，进一步压实县乡纪委监督责任，将抓党建促乡村振兴情况作为每年市县乡党委书记抓基层党建述职评议考核的重要内容，纳入巡视、巡察工作内容，作为领导班子综合评价和选拔任用领导干部的重要依据。坚持抓乡促村，整乡推进、整县提升，加强基本组织、基本队伍、基本制度、基本活动、基本保障建设，持续整顿软弱涣散村党组织。加强农村基层党风廉政建设，强化农村基层干部和党员的日常教育管理监督，加强对《农村基层干部廉洁履行职责若干规定（试行）》执行情况的监督检查，弘扬新风正气，抵制歪风邪气。充分发挥纪检监察机关在督促相关职能部门抓好中央政策落实方面的作用，加强对落实情况特别是涉农资金拨付、物资调配等工作的监督，开展扶贫领域腐败和作风问题专项治理，严厉打击农村基层黑恶势力和涉黑涉恶腐败及“保护伞”，严肃查处发生在惠农资金、征地拆迁、生态环保和农村“三资”管理领域的违纪违法问题，坚决纠正损害农民利益的行为，严厉整治群众身边腐败问题。全面执行以财政投入为主的稳定的村级组织运转经费保障政策。满怀热情关心关爱农村基层干部，政治上激励、工作上支持、待遇上保障、心理上关怀。重视发现和树立优秀农村基层干部典型，彰显榜样力量。

158. 如何深化村民自治实践？

加强农村群众性自治组织建设。完善农村民主选举、民主协商、民主决策、民主管理、民主监督制度。规范村民委员会等自治组织选举办法，健全民主决策程序。依托村民会议、村民代表会议、村民议事会、村民理事会等，形成民事民议、民事民办、民事民管的多层次基层协商格局。创新村民议事形式，完善议事决策主体和程序，落实群众知情权和决策权。全面建立健全村务监督委员会，健全务实管用的村务监督机制，推行村级事务阳光工程。充分发挥自治章程、村规民约在农村基层治理中的独特功能，弘扬公序良俗。继续开展以村民小组或自然村为基本单元的村民自治试点工作。加强基层纪委监委对村民委员会的联系和指导。

159. 如何建设充满活力、和谐有序的善治乡村？

建立健全党委领导、政府负责、民主协商、社会协同、公众参与、法治保障、科技支撑的现代乡村社会治理体制和自治、法治、德治相结合的乡村社会治理体系，建设充满活力、和谐有序的善治乡村。

地方各级人民政府应当加强乡镇人民政府社会管理和服务能力建设，把乡镇建成乡村治理中心、农村服务中心、乡村经济中心。

160. 如何建设懂农业、爱农村、爱农民的农村基层干部队伍?

农村基层干部应当认真学习和忠实践行习近平新时代中国特色社会主义思想，学习党的基本理论、基本路线、基本方略，学习必备知识技能。懂农业，掌握“三农”政策，熟悉农村情况，有能力、有措施、有办法解决实际问题；爱农村，扎根农村基层，安身安心安业，甘于奉献、苦干实干；爱农民，对农民群众充满感情、始终放在心上，把农民群众的利益摆在第一位，与农民群众想在一起、干在一起，不断创造美好生活。

各级党组织应当注重加强农村基层干部教育培训，不断提高素质。县级党委每年至少对村党组织书记培训 1 次。

161. 如何搞好基层群团组织建设?

县级以上地方人民政府应当采取措施加强基层群团组织

建设，支持、规范和引导农村社会组织发展，发挥基层群团组织、农村社会组织团结群众、联系群众、服务群众等方面的作用。

162. 如何保障农村集体经济组织的独立运营？

各级人民政府应当引导和支持农村集体经济组织发挥依法管理集体资产、合理开发集体资源、服务集体成员等方面的作用，保障农村集体经济组织的独立运营。

县级以上地方人民政府应当支持发展农民专业合作社、家庭农场、农业企业等多种经营主体，健全农业农村社会化服务体系。

163. 乡村治理体系中的“三治”是指什么？

“三治”是指自治、法治、德治。

乡村治理体系中，自治是基础，法治是前提，德治是动力。党的十九大明确提出乡村振兴的基本路径和方式，健全自治、法治、德治相结合的多元共治的新农村秩序。在这一过程中，自治是基础与目标，法治是方式与保障，德治是动力与愿景，三者相互融合，构筑新时代乡村治理的稳定架构和可靠路径，其中法治成为连接自治和德治的关键。

164. 怎样完善村民自治制度?

村民自治制度是能够体现村民意志、保障村民权益、激活农村活力的中国特色社会主义民主政治的重要组成部分。新时期要深入实施村民委员会组织法，完善农村民主选举、民主决策、民主协商、民主管理、民主监督制度。实现选举的制度化、流程化、公开化、便捷化，鼓励村党组织书记通过选举担任村委会主任。村民委员会要统筹处理乡村事务，实现政府治理和社会调节、居民自治良性互动，形成有效的社会治理。实现村级事务公开经常化、制度化和规范化，全面实施村级事务阳光工程，完善党务、村务、财务“三公开”制度。梳理村级事务公开清单，及时公开组织建设、公共服务、工程项目等重大事项。健全村务档案管理制度。推广村级事务“阳光公开”监管平台，支持建立“村民微信群”“乡村公众号”等，推进村级事务即时公开，加强群众对村级权力的有效监督。规范村级会计委托代理制，加强农村集体经济组织审计监督，开展村干部任期和离任经济责任审计。

165. 怎样理解法治在乡村治理体系中的作用?

法治是乡村治理体系的保障。法治是现代文明的标志。在现代社会，法治是调节社会关系的基本方式。乡村治理体系能否平稳运行取决于法治化水平。乡村治理中的村民自治需要通过法治加以规范与保障。

166. 如何通过“三治”融合达到善治的目标?

自治、法治、德治三种治理方式组合起来，就能够发挥各种治理方式的优势，弥补其他治理方式的短处。一是发挥法治的强制性、规范性功能，弥补德治、自治强制性不足的问题；二是发挥德治润物无声的无成本、低成本功能，弥补法治高成本、内生性不足的问题；三是发挥自治协商民主、灵活调整的功能，可以弥补法治刚性、弹性不足，以及德治规则性不强的问题。

167. 乡镇政府在农村基层组织自治中应起到什么作用?

乡镇人民政府应当指导和支持农村基层群众性自治组织规范化、制度化建设，健全村民委员会民主决策机制和村务公开制度，增强村民自我管理、自我教育、自我服务、自我监督能力。

168. 怎样推动基层网格化管理?

协同治理，实现治理主体多元化。农村社会治理，应包括村民、村委会、基层政府、基层党组织、农村自治组织、网格员等主体。这些主体之间需分工清晰、权责明确、通力合作。特别是村民自治委员会和网格员，一定要合理分工，明确权责。

区域联动，形成高效协调的运行机制。要织密织牢乡村社会治理的“安全网”，必须上下联动，形成部门合力，着力构建高效协调的运行机制。要通过镇、村、格三级农村网格治理平台建设，构建横向覆盖全部地域、纵向贯通各业务层级的立体网格治理体系，确保每寸土地有人管、每项事务有人抓。

集成创新，提升乡村治理水平。进一步加强信息化、智能化水平，是农村网格化社会治理工作的一个重要发展方向。要找准科技手段服务乡村治理的切入点，以信息化、智能化技术手段提升乡村社会治理能力。

169. 如何建设法治乡村?

地方各级人民政府应当加强基层执法队伍建设，鼓励乡镇人民政府根据需要设立法律顾问和公职律师，鼓励有条件的地方在村民委员会建立公共法律服务工作室，深入开展法治宣传教育和人民调解工作，健全乡村矛盾纠纷调处化解机制，推进法治乡村建设。

170. 如何发挥乡村智库在全面推进乡村振兴中的作用？

要鼓励包括高校和科研机构等在内的乡村智库投身乡村振兴，建立乡村振兴专家决策咨询制度，组织智库加强乡村治理理论研究，积极争取研究机构在乡村建立研发基地、科技平台等。建立起乡村智库之间的联动机制，促进不同智库之间的资源共享，提升乡村现代化治理水平。要促进乡村振兴国际交流与合作，总结我国乡村振兴经验，为世界贡献中国智慧和中国方案。

171. 如何做好农村社区“三零”单位创建工作？

农村社区“零上访、零事故、零案件”单位创建工作主要从以下几方面着手。

一是党建引领，强化责任。要强化党建引领，充分发挥基层党组织战斗堡垒作用和党员先锋模范作用，把党的领导优势转化为社会治理效能。要强化责任落实，各级党委政府要守土有责、守土尽责，准确把握“三零”农村社区单位创建目标任务，作为民心工程、基础工程来抓，形成党委抓、书记抓，一级抓一级，层层抓落实的工作格局。

二是找准问题，强化落实。农村社区作为责任主体，要全面摸清问题，积极整改隐患，规范内部管理，健全服务体系，“守好自己的门、管好自己的人”，不折不扣把各项创建要求和措施落到实处。强化结果导向，把“三零”单位创建纳入党委政府目标责任制考核体系，纳入各地平安建设考评范畴。

三是全民参与，共建家园。要强化宣传引导，广泛宣传“三零”创建工作的重要意义、目标任务、实际成效，积极培育、挖掘、选树先进典型，营造人人参与创建的浓厚氛围，及时总结、大力推广基层的好经验好做法，持续提升“三零”单位创建常态化长效化水平。

172. 如何建立健全农村基层服务体系？

制定基层政府在村（农村社区）治理方面的权责清单，推进农村基层服务规范化标准化。整合优化公共服务和行政审批职责，打造“一门式办理”“一站式服务”的综合服务平台。在村庄普遍建立网上服务站点，逐步形成完善的乡村便民服务体系。大力培育服务性、公益性、互助性农村社会组织，积极发展农村社会工作和志愿服务。开展农村基层减负工作，集中清理对村级组织考核评比多、创建达标多、检查督查多等突出问题。